Kant und Königsberg bis heute

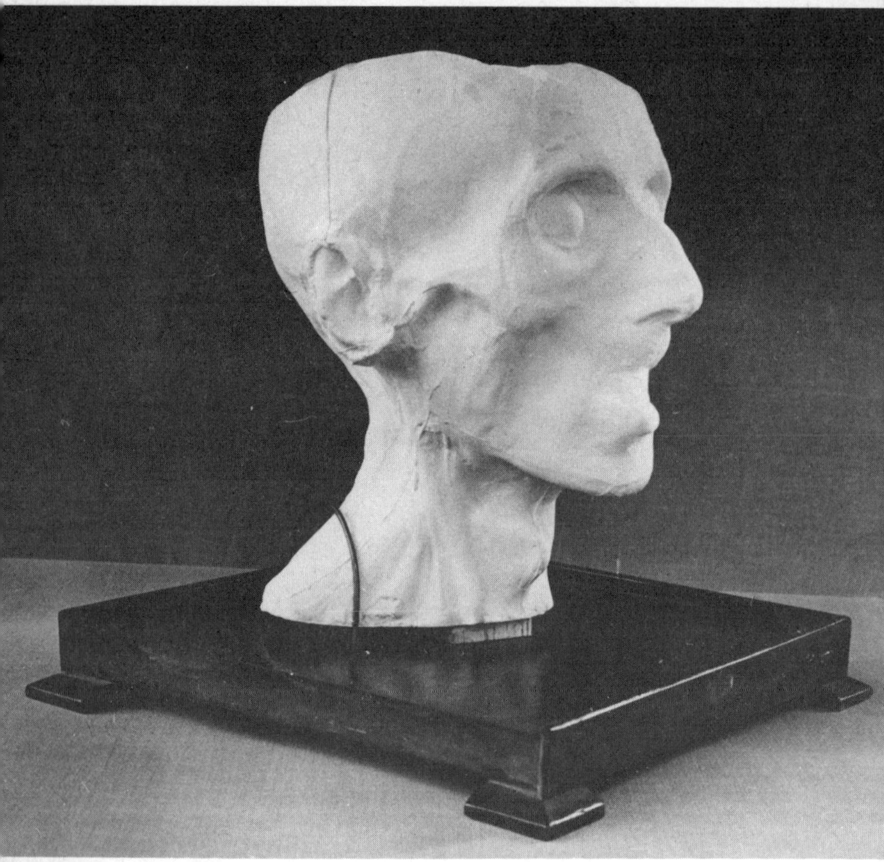

Die Totenmaske Kants

Калининградское отделение Советского фонда культуры
Отделение Философского общества СССР

IV КАНТОВСКИЕ ЧТЕНИЯ,
посвященные **200**-летию
„КРИТИКИ ПРАКТИЧЕСКОГО РАЗУМА“

14 ОКТЯБРЯ 1988 ГОДА

ДИСКУССИОННЫЙ КЛУБ
СТОРИЯ–ЭКОЛОГИЯ–КУЛЬТУРА“

ПРИГЛАШАЕТ

НА ПУБЛИЧНУЮ ДИСКУССИЮ

ПОМЕЩЕНИИ ТЕАТРА КУКОЛ

и культурная жизнь Калининграда: прошлое, настоящее, будущее“

Здесь вы встретитесь с философами-кантоведами, познакомитесь с экспонатами комнаты-музея И. Канта Калининградского государственного университета.

продаются в кассе театра

Начало в 19 часов

Fritz Gause/Jürgen Lebuhn

Kant und Königsberg bis heute

Aktueller Reisebericht und historischer Rückblick

VERLAG GERHARD RAUTENBERG

Bildnachweis

Der Schutzumschlag wurde unter Verwendung eines Gemäldes gestaltet, das Doepler 1791 gemalt hat. Das Original hängt im Museum Haus Königsberg, Duisburg. Wir danken für die freundliche Unterstützung. Die Bilder auf den Seiten 2, 62/63 und 65 bis 72 stellte uns Jürgen Lebuhn zur Verfügung.
Alle Abbildungen ab Seite 73 sind dem Buch von Fritz Gause entnommen, das 1974 unter dem Titel „Kant und Königsberg" im Verlag Gerhard Rautenberg erschienen ist.

CIP-Titelaufnahme der Deutschen Bibliothek

Gause, Fritz:
Kant und Königsberg bis heute: aktueller Reisebericht und historischer Rückblick / Fritz Gause; Jürgen Lebuhn. – Leer: Rautenberg 1989
ISBN 2-7921-0418-0
NE: Lebuhn, Jürgen:

Gesamtherstellung: Druckerei G. Rautenberg, 2950 Leer

Printed in West Germany
ISBN 3-7921-0418-0

Inhaltsverzeichnis

Meiner lieben Frau

meiner treuen Begleiterin auch
auf der Reise nach Königsberg 1988
in Dankbarkeit gewidmet.

Vorwort zur 2. Auflage

Unter dem Titel „Kant und Königsberg" bzw. „Kant in Königsberg"[1)] sind seit 1945 mehrere Arbeiten erschienen:

1. Kurt Stavenhagen: „Kant und Königsberg". Deutsche Verlagsbuchhandlung, Göttingen, 1949
2. Fritz Gause: „Kant und Königsberg", ein Buch der Erinnerung an Kants 250. Geburtstag am 24. April 1974 .Verlag Gerhard Rautenberg, Leer 1974
3. Rudolf Malter und Ernst Staffa: „Kant in Königsberg seit 1945". Eine Dokumentation. Mainzer Philosophische Fakultätsgesellschaft ,Franz Steiner Verlag, Wiesbaden, 1983

ad 1: Die Arbeit von Stavenhagen ist, wie er selbst in seinem Vorwort zum Ausdruck bringt, die erweiterte Fassung seiner Gedenkrede, die er als „Bohnenkönig" der ursprünglich Königsberger „Gesellschaft der Freunde Kants" am 22. April 1948 in Göttingen gehalten hat. Diese Gesellschaft hat bekanntlich in nie unterbrochener Tradition die Tischgesellschaft Kants in Königsberg fortgesetzt und etablierte sich 1946 in Göttingen. Stavenhagen gibt eine Darstellung der Person Kants zu seiner Zeit im Königsberg des 18. Jahrhunderts und stellt nach seinen eigenen Worten Kant im Kleide des liebenswerten Magisters und jungen Professors vor – vielmehr als das vielleicht andere vor ihm getan haben.

ad 2: Die Arbeit Gauses, die dieser als sein letztes Alterswerk kurz vor seinem Tode vollenden konnte, beschäftigt sich ebenfalls mit Kant zu seiner Zeit. Es ist Gauses besonderes Verdienst, daß er den Menschen Immanuel Kant, sein Leben und auch sein Werk in äußerst anschaulicher Sprache darge-

[1)] Ähnliche Titel hatten die 1924 in Königsberg erschienenen Veröffentlichungen von
a) Walter Kuhrke „Kant und seine Umgebung" und
b) Carl Gustav Springer „Kant und Altkönigsberg"

stellt hat. Aber auch sein Kapitel über die Stadt Königsberg zu Zeiten Kants gibt ein lebensnahes und eindrucksvolles Bild von der Welt, in der Kant lebte.

ad 3: Diese mit äußerster Akribie geschaffene, sehr eindrucksvolle Arbeit ist von der Deutschen Forschungsgemeinschaft finanziell und von der Mainzer Philosophischen Fakultätsgesellschaft durch Aufnahme in deren Schriftenreihe in erfreulicher Weise gefördert worden. Die Arbeit zerfällt in 2 Hauptteile, nämlich

1. Bestand und Schicksal der Königsberger Kantiana der Vorkriegszeit.
2. Kant in Kaliningrad.

Die Arbeit wird ausdrücklich als Dokumentation bezeichnet und schließt mit dem Erkenntnisstand des Kantkongresses in Riga 1981. Malter-Staffa haben sich nicht nur im Zusammenhang mit der Beschaffung, sondern insbesondere auch mit der minutiösen Auswertung des überwiegend in russischer Sprache verfügbar gewesenen Materials um die Kantiana und die Kantforschung als solche besonders verdient gemacht.

Wenn der Gerhard Rautenberg Verlag mich nach meinem Besuch in Königsberg im Oktober 1988 anläßlich der IV. Kant-Lesung gedrängt hat, die Arbeit Fritz Gauses in 2. Auflage neu mit Berichten und Dokumentationen über eine lebensnahe und konkrete Kant-Präsenz in der Stadt seit 1945 herauszubringen, so habe ich mich aus drei Gründen entschlossen, diesem Drängen nachzugeben:

1. Kurt Forstreuter hat in seinem Geleitwort zur 1. Auflage u. a. ausgeführt[2]:

   „Sollte man noch einmal in diese Stadt kommen, so wird man trotzdem Kant zu begegnen glauben, denn sein Geist wird immer dort gegenwärtig sein."

---

[2] Gause „Kant und Königsberg", 1. Auflage, S. 8

2. Malter-Staffa schreiben in ihrem „Ausblick"[3] u. a.:

„Weiter aber als von Vladiwostok nach Kaliningrad ist der Weg von Kaliningrad nach Königsberg: es gäbe wohl noch immer keinen, hätte der wahrhaft philosophische Geist, bei aller Ohnmacht in der Augenblickssituation, nicht die Wiederkehr auf Dauer für sich."

3. Irmgard von zur Mühlen hat in einem kürzlich erschienenen Bildband nach einem Besuch in Königsberg u. a. erklärt[4]:

„Die Königsberger müssen von ihrer Stadt Abschied nehmen, denn aus Königsberg ist eine sowjetische Stadt, ist Kaliningrad geworden."

Nach meinem Besuch in Königsberg kann ich die Aussage von Frau von zur Mühlen in dieser von ihr gewählten sehr allgemeinen und oberflächlichen Form keineswegs teilen. Ich habe festgestellt und bin mir dessen sicher, daß auch heute noch Königsberg lebt, auch wenn die Stadt einen anderen Namen trägt. Getragen vom Geiste Kants wird die Stadt nicht von ihrer geschichtlichen Vergangenheit abgeschnitten werden können, – „Name ist Schall und Rauch", hat Goethe zutreffend gesagt, – dieses Wort trifft aber besonders dann zu, wenn – wie hier in dieser Stadt – das Geschichtsbewußtsein der Bevölkerung danach drängt.

Ich hoffe deshalb, daß mein Beitrag zur 2. Auflage dem besseren Verständnis der augenblicklichen Lage dient und die eindrucksvolle schon bekannte Dokumentation ergänzt und bestätigt. Auch ist es mir als ehemaligem Studenten der Albertina ein Bedürfnis, mit diesem Beitrag meinen Dank für

---

3) Malter-Staffa „Kant in Königsberg seit 1945", S. 96

4) Irmgard von zur Mühlen „Als Gast in Königsberg". Bilder und Begegnungen aus dem heutigen Kaliningrad (Gerhard Rautenberg, Verlag) 1988, S. 30

das zu dokumentieren, was mir die Universität und Königsberg gegeben und vermittelt haben. Ich freue mich aber auch, wenn durch die Herausgabe dieser 2. Auflage die Erinnerung an Fritz Gause weiter gepflegt und gefördert wird.

Tapfer ist der, dessen Mut
in Gefahren anhaltend ist.

DER GEIST KANTS IN DER STUNDE DES ZUSAMMENBRUCHS

Während das bürgerliche Leben in der Stadt Königsberg langsam erlosch, als sich unübersehbare Flüchtlingstrecks formierten, waren am 23. Januar 1945 die Schulen und am 28. Januar die Albertina geschlossen worden; wogegen die städtischen Standesämter und die Justizbehörden noch bis in den März hinein tätig blieben und im Neuen Schauspielhaus bis gegen Ende März gespielt wurde. In diese Zeit fiel der Todestag Kants am 12. Februar. Traditionsgemäß und dem kantischen Gedanken treu verbunden, wurde dem großen Philosophen auch noch an diesem Tag gehuldigt. Der Bohnenkönig[5)] der Gesellschaft der Freunde Kants, der Oberstudiendirektor des Friedrichskollegs, Professor Bruno Schumacher, machte sich mit zwei Begleitern auf den schwierigen Weg zum Grabmal Kants[6)] an der Seite des bereits völlig ausgebrannten Doms. Unter russischem Artilleriebeschuß mitten in der Trümmereinöde des Kneiphofs wurde die Kranzniederlegung zu einem bedrückenden Erlebnis – den Untergang der Stadt vor Augen und der Ungewißheit der nahen Zukunft bedingungslos ausgesetzt[7)].

---

5) Jeweils am 22. April, dem Geburtstage Kants, wurde und wird alljährlich in ungebrochener Tradition eine Torte nach einem Rezept aus Kants Lebzeiten gebacken, in der eine Bohne versteckt wird. Derjenige, in dessen Tortenstück diese Bohne auftaucht, wird Bohnenkönig

6) Diese würdige Kant-Gedächtnisstätte ist 1924 durch den Architekturprofessor Friedrichs Lahrs unter großzügiger Förderung von Hugo Stinnes geschaffen worden

7) vgl. Gause, Königsberg III, 166; ders. Königsberg in Preußen, 229; Malter-Staffa, Kant in Königsberg seit 1945, 49 mit weiteren Nachweisen

Die Teilnehmer an dieser Huldigung haben zweifellos zwei Dinge an jenem 12. Februar 1945 inbrünstig gespürt: die Liebe zu ihrer Heimatstadt eingebettet in die Kant'schen Traditionen verbunden mit der tiefen Trauer im Angesicht der Ruinenwelt um sie herum und andererseits der Eindruck des Wundersamen – die Tatsache nämlich, daß sich ihnen das Kant-Grabmal noch immer fast völlig unversehrt präsentierte. Diesem Abschied stand – wie ich seit dem 14. Oktober 1988 weiß – ein Ereignis mit umgekehrt proportionalem Erlebniswert gegenüber:
Nachdem General Lasch die Festung Königsberg unter der Zusicherung ehrenhafter Bedingungen am 9. April an die Sowjets übergeben hatte, drangen die russischen Truppen am 10. April in die Stadt ein. Unter ihnen befand sich auch der Leutnant G. A. HOMINSKAJA, den ich am 14. Oktober 1988 anläßlich des Kant-Kongresses „200 Jahre Kritik der praktischen Vernunft" (4. Kant-Lesung) in Königsberg persönlich kennengelernt habe[8].Dieser eher zurückhaltende, sehr sensibel wirkende Mann des Jahrgangs 1922 hatte nach seiner Erzählung das folgende Erlebnis: Mit der Freude über die Beendigung des Kampfes war für ihn zunächst die Dankbarkeit verbunden, überlebt zu haben, was sich besonders darin ausdrückte, daß er sich enttarnt und ohne besondere Vorsicht in die Stadt begeben konnte. Beeindruckt von der entsetzlichen Trümmerlandschaft und den vielen noch oder erneut brennenden Häusern betrat er die Stadt durch das Königstor in Richtung Roßgärter Markt. Im Angesicht der Schloßturmruine und der Domruine ging er zum Münchenhofplatz. Hier war er unentschlossen, ob er seinen Weg zum Schloß oder zum Dom fortsetzen sollte. Er entschied sich für den Dom – ging die Lindenstraße hinunter, überquerte die reparaturbedürftige Honigbrücke und betrat unbegleitet den Kneiphof –

[8] Er schenkte mir seine Monografie „Romane von Siegfried Lenz", Saratow 1985, mit folgender persönlicher Widmung „Herrn Professor Lebuhn zur dankbaren Erinnerung der wunderbaren Begegnung und mit den Wünschen schöpferischen Erfolges und des Glückes". 14. X. 1988

die Dominsel. Es zog ihn zum Dom, ohne zu wissen, daß er dort an der Seite der geschundenen Überreste dieses herrlichen alten Gotteshauses das Grabmal Kants finden würde. So gelangte mein Erzähler unvorbereitet an die Stätte, an der vor wenigen Wochen erst Abschied genommen worden war und wo er den vertrockneten und zerzausten Kranz der Schumacher-Delegation vorfand. Als er den Namen Immanuel Kants an der Wand über dem Kenotaph[9)] erkannte, realisierte er, daß er am Grabmal des großen deutschen Philosophen stand. Inmitten der Ruinen und Trümmer erschien es ihm – wie auch uns – als Wunder, daß das Grabmal Kants praktisch unbeschädigt die grausamen Zerstörungsereignisse des unseligen Krieges überstanden hatte. Mein Erzähler berichtete mir, daß er hier in der Ruineneinsamkeit lange Zeit verweilte, inbrünstig innere Rücksprache mit sich selbst hielt – eingefangen in eine Gedankenwelt der Zweifel und des Unverstandes – wo eigentlich konnte der Sinn für das jahrelange Morden, Kämpfen – Zerstören liegen? Ihm war wohl bewußt, daß Kant ein großer und bedeutender deutscher Geisteswissenschaftler war – der Inhalt seiner Lehre indessen war ihm fremd. Im Angesicht des für ihn überwältigenden Erlebnisses und unter dem Eindruck des soeben überstandenen Kriegsgeschehens empfand er intuitiv den Drang, die Lehre Kants kennenzulernen und beschloß deshalb, Philosoph zu werden. Als Professor der Philosophie kam er 1988 zum Kant-Kongreß nach Königsberg. Wie ich selbst, war auch er nach 44 Jahren erstmals wieder in der Stadt, die auch ihm verschlossen war. Als wir gemeinsam am Kant-Grabmal standen, waren wir beide gleichermaßen ergriffen in der Erkenntnis, daß der Kant'sche Geist Terror und Brand, Artilleriebeschuß und Bombennächte und auch die Vertreibung der deutschen Bevölkerung aus ihrer geliebten Heimat überdauert hat – Kant lebt auch heute als deutscher Philosoph in seiner Heimatstadt durch seine Lehre fort.

[9)] Kant ist nicht an dieser Stelle, sondern in der Professoren-Gruft des Doms beigesetzt worden

20 JAHRE STILLE UM KANT

Von denjenigen Deutschen, die nach dem 10. 4. 1945 noch in der Stadt lebten bis sie schließlich 1948/49 in den Westen abtransportiert wurden, wissen wir, daß die Stadt und ihre Bevölkerung unvorstellbare Notzeiten zu bestehen hatten[10). Das tägliche Geschehen war geprägt vom Einsatz für das nackte Überleben. Deutsche wie Russen standen vor schwierigen Organisations- wie auch Reorganisationsaufgaben. Es ist deshalb nicht verwunderlich, daß ganz andere Dinge das Weltbild der Bevölkerung und deren Verwaltung beherrschten als eine Beschäftigung mit Kant. Man kann deshalb wohl nicht schlechterdings behaupten, die Sowjets hätten aus einer Feindbild-Voreingenommenheit Immanuel Kant totgeschwiegen oder verfemt[11). Hätten die Sowjets Kant als ihren Feind oder gar als Verfechter reaktionärer Weltvorstellungen im Sinne des Narzismus gesehen, wäre es ihnen ein Leichtes gewesen, das Kant-Grabmal verschwinden zu lassen und jegliche Erinnerung an Kant zu unterbinden. Schließlich ist nicht zu übersehen, daß die Sowjets Anfang der 70er Jahre das Schloß in allen seinen Teilen, einschließlich der überwiegend nur geringfügig beschädigten Denkmäler Kaiser Wilhelm I. und Bismarcks, vollständig abgetragen haben – eine Maßnahme, mit der sich weder die heutige Bevölkerung noch auch die Verwaltung zu identifizieren versteht.
Malter-Staffa haben in ihrer außerordentlich beeindruckenden Dokumentation überzeugend dargelegt, worin die Gründe dafür zu suchen sind, daß man sich erst gegen Ende der

---

10) vgl. Linck, „Königsberg 1945–48"; Hans Graf von Lehndorff, Ostpreußisches Tagebuch, Aufzeichnungen eines Arztes aus den Jahren 1945–1947; E. Kalusche, „Unter dem Sowjetstern". Erlebnisse einer Königsbergerin in Nordostpreußen 1945–47; Deichelmann, „Ich sah Königsberg sterben". Aus dem Tagebuch eines Arztes, 1949

11) vgl. Peitsch, „Verlassen in der Heimat". Berichte über deutsche Schicksale in Ostpreußen nach 1945, der eine gegenteilige Ansicht vertritt.

60er/Anfang der 70er Jahre in Königsberg wieder auf Kant zu besinnen begann. Ganz sicher war hierfür nicht eine Veränderung der sowjetischen Einstellung gegenüber der deutschen Geschichte und auch nicht eine Wandlung oder Modifizierung der das Sowjetsystem ideologisch beherrschenden marxistisch-leninistischen Weltanschauung kausal. Primär lag der Grund, wie Malter-Staffa a.a.O. nach meiner Überzeugung zu Recht feststellen, vielmehr darin[12],

> *„daß schon in dieser Weltanschauung geschichtsphilosophisch angelegte philosophiegeschichtliche Interpretationsmöglichkeiten, schlagwortartig sich anzeigend in die Rede von der ‚Einverleibung des Erbes' verstärkt konkretisiert wurden. Hatten Engels und Lenin dem bürgerlichen Philosophen Kant einen teilweise fortschrittlichen Charakter im Ganzen der Reihe der auf den Marxismus-Leninismus hin führenden Denker (mit Hegel als eigentlichem Drehpunkt) bestimmt, so hatten sie hiermit auch die Grenzen festgelegt, über die hinaus auch die liberalste Exegese der philosophischen Tradition auf marxistisch-leninistischer Seite nie wird gehen können, solange man ohne ideologischen Selbstverzicht (der einem Systemselbstmord gleichkäme) philosophiegeschichtliche Erbe-Einverleibung betreiben will (was zum unabdingbaren Programm marxistisch-leninistischer Philosophiegeschichtsschreibung gehört. Vgl. hierzu Rudolf Malter: Immanuel Kant, ‚Vorläufer des Marxismus-Leninismus'. Überblick über die Kantrezeption der DDR im Kantjubiläumsjahr 1974, in: Deutschland Archiv 11, 1978, 1081–1098 [dort auch Lit. zum ‚Erbe' programm]). Da Engels und vor allem auch Lenin trotz dezidierter Abgrenzung des Progressiven vom Reaktionären in Kants Denken den positiv abgegrenzten Bereich relativ unbestimmt ließen und auch bei Angabe der Hauptschwächen Kants im einzelnen recht unspezifische Aussagen machten (so vor allem Aussagen:*

12) Malter-Staffa, a.a.O., 52/53

Kant sei aprioristisch, subjektivistisch, abstrakt. Dieser von Engels erhobene, von Lenin wiederholte Vorwurf kehrt auch heute stereotyp in den marxistisch-leninistischen Kantdarstellungen wieder, wenn auch, wie allenthalben auffällt, neutralisiert gleichsam durch die Betonung des Positiven bei Kant), bestand von jeher die Möglichkeit, das Virtuell-Positive an Kant innerhalb der vom Dogma auferlegten Grenzen ausgiebig zu explizieren – um so nicht zuletzt auch die Aneignungskraft der eigenen Ideologie zu demonstrieren."

In diese Geistesrichtung paßt das tatsächliche Verhalten der sowjetischen Behörden in der Stadt, wofür folgende Vorgänge bemerkenswert sind:

1. Das Kant-Grabmal wird schon frühzeitig von der russischen Bevölkerung besucht und von den Behörden gepflegt und instand gehalten. Schon 1954 wird im Magistrat der Stadt ein erheblicher Rubelbetrag zur Renovierung beantragt[13)].
2. Der Journalist H. Schewe berichtete 1959 nach einem Besuch Königsbergs wie folgt vom Kant-Grabmal[14)]:

„Auf dem Grabe von Immanuel Kant liegt ein Srauß von Margeritenblumen. Eine russische Studentin hat ihn dorthin gelegt. Andächtig verharrte sie eine Weile vor dem steinernen Sockel. Die linke Ecke der Grabplatte ist abgesplittert. Darüber stehen zwei Inschriften:

‚Immanuel Kant, 1724–1804'

in lateinischer Schrift mit dicken schwarzen Versalien. Darunter hängt eine kleinere Holztafel mit kyrillischen Buchstaben.

---

13) vgl. P. Wörster 25, „Das nördliche Ostpreußen nach 1945", Politisches und kulturelles Leben, Dok. Ost., Jg. 5, April 1979, Heft 1/2

14) Heinz Schewe: „Meine liebsten Reportagen". Hamburg 1973, 108; abgedruckt auch bei Malter-Staffa, S. 39/40

‚Das Grabmal Immanuel Kants steht unter staatlichem Denkmalschutz',

lautet der Text.

Das Grab des großen deutschen Philosophen liegt im Schatten. Die Säulen des Anbaus an der Königsberger Domruine schirmen es ab gegen die sengenden Strahlen der Julisonne. Ringsherum wuchert spelziges Gras. Trübe und stumpf ist das Wasser des Pregels, der mit seinen Armen die verwüstete Dominsel umschließt. Man kommt über die notdürftig geflickte Honigbrücke. Vorbei an dem Grabstein von Julius Rupp, dem Domprediger des 19. Jahrhunderts. Hinter dem rostig-verbogenen Eisengitter schimmern goldene Buchstaben – eine der wenigen deutschen Inschriften, die es hier heute noch gibt:

‚Wer nach der Wahrheit, die er bekennt, nicht lebt, ist der gefährlichste Feinde der Wahrheit selbst.'

Auf der ehemaligen Domstraße hinter der Domruine arbeiten Frauen mit roten Kopftüchern. Sie schütten Schottersteine in die Schlaglöcher. Im Altarraum des ausgebombten Doms weiden sieben Ziegen. Auf den Trümmerbergen im Innern des Kirchenschiffes wachsen Grasbüschel und Brennessel. Sogar ein kleiner Birkensprößling hat Wurzeln gefaßt. Durch leere Fensterhöhlen dringt das Sonnenlicht herein.

‚Ich liebe dich, Shenja', hat jemand mit Kreide in russischer Schrift an die Seitenwand geschrieben. Überall sieht man Inschriften, Initialen, Datumszahlen. Zwei siebenjährige Jungen üben sich zwischen den Trümmern im Klettern.

Ringsumher nur Trümmer, Wüste, Schutt und Staub. Hier sind die Spuren des Krieges noch unberührt. Sie sollen als Denkmal erhalten bleiben. Der Stadtsowjet von ‚Kaliningrad' hat beschlossen, die Königsberger Dominsel in ihrem gegenwärtigen Zustand zu belassen. Auch die traurige Ruine der nahen Börse wird wohl stehenbleiben. Das verwüstete Herz von Königsberg soll noch eine Aufgabe erfüllen, auch wenn es nicht mehr schlägt.

Darüber hinweg jaulen in niedriger Höhe Düsenjäger mit dem Sowjetstern am Leitwerk. Auf der ehemaligen Lindenstraße fahren in ununterbrochener Folge Lastwagenkolonnen. Sie bringen Schutt weg und holen Baumaterial."

3. Nachdem im Jahre 1967 die sogenannte staatliche Universität Kaliningrad gegründet worden war, erklärte deren erster Rektor Professor Prikladow dem deutschen Journalisten Dieter Steiner in einem Interview[15]), man sei stolz darauf, an einer Stätte zu lehren, wo auch Kant gelebt und gelehrt habe und er hoffe, daß die Grabstätte Kants bald administrativ der Universität unterstellt werde.

---

15) vgl. P. Wöster, a.a.O., 34

DER KANT-KONGRESS IN KÖNIGSBERG 1974

Der 250. Jahrestag der Geburt Kants soll nach dem Willen der Sowjetverwaltung zum Anlaß genommen werden, um deutliche Signale dafür zu setzen, daß sich die sowjetische Philosophie auf Kant zubewegt[16]. Hierbei wird aus zahlreichen Veröffentlichungen – auch in der DDR – die Tendenz deutlich, sich mit der marxistisch-leninistischen Interpretationspraxis Kant's Denken im positiven Sinne akzeptionsfähig zu machen. Die Grundlinien dieser exzessiven Interpretation sind von Professor T. I. Ojzerman in einem Prawda-Artikel vom 26. 4. 1974, Seite 3, unter dem Titel „Ein Vorläufer der Philosophie des Marxismus. Zum 250. Geburtstag Kants" veröffentlicht worden. Aus der von Staffa für die „Kant-Studien" (Bonn/Berlin) ins deutsche übersetzten Fassung[17] wird auszugsweise wie folgt zitiert:

> *„Die sowjetische Öffentlichkeit begeht mit den fortschrittlichen Kräften aller Länder den 250. Jahrestag des Geburtstages des großen deutschen Philosophen Immanuel Kant (1724–1804). Er war der Ahnherr der deutschen klassischen Philosophie, – die als eine der Quellen des Marxismus anzusehen ist. Der wissenschaftliche Sozialismus führt nach den Worten F. Engels ‚seine Entstehung nicht nur auf Saint-Simon, Fourier und Owen, sondern auch auf Kant, Fichte und Hegel zurück'.*
>
> *In Deutschland wie auch in Frankreich ging der bürgerlich-demokratischen Revolution die geistige, philosophische Revolution voraus. Ihre hervorragenden Vertreter traten entschieden gegen die feudalen Autoritäten, Gewohnheiten*

---

16) vgl. die Erklärung des sowjetischen Philosophen Ojzerman in deutscher Sprache auf dem Kant-Kongreß in Rochester 1970 in: Proceedings of the Third International Kant Congress held at the University of Rochester, March 20–April 4, 1970 edtd. by Lewis White Beck, Dordrecht 1972, S. 121–127

17) vgl. auch Malter-Staffa, a.a.O., S. 54/55

und gegen die Obrigkeit auf. ‚Unser Jahrhundert', schrieb Kant, ‚ist ein wahres Zeitalter der Kritik, der sich alles unterzuordnen hat' ...

Als Fortsetzer der bürgerlichen Aufklärung sah Kant in ihr die unbedingt notwendige, durch die Natur der Vernunft bedingte Epoche der Mannwerdung der Menschheit, die Epoche des Übergangs von der Minderjährigkeit zur Volljährigkeit der Menschheit. Unzweideutig verurteilte der Philosoph die Ideologie des feudalen Absolutismus, die die Monarchie als obersten Garanten des Wohls aller darzustellen versuchte.

K. Marx charakterisierte die Philosophie Kants als die deutsche Theorie der Französischen Revolution. Am Ende des XVIII. und am Anfang des XIX. Jahrhunderts gab es noch keine politisch konsolidierte Bourgeoisie. Aus diesem Grunde wird das soziale Programm der Französischen Revolution von Kant als System der Forderungen nach der allgemein menschlichen ‚reinen Vernunft' und des ‚guten Willens', frei von jeder Leidenschaftlichkeit dargestellt. So erklärt er die Republik zum Ideal des moralischen Bewußtseins. Unter den Bedingungen des feudalen Deutschland, das aus einer Vielzahl von monarchischen Zwergstaaten bestand, war diese Idee eine Herausforderung. Jedoch Kant versah sie mit einer Klausel: Das Ideal könne nicht vollständig verwirklicht werden.

Eine der ersten Forschungsarbeiten Kants war die ‚Allgemeine Naturgeschichte und Theorie des Himmels', eine geniale Hypothese, die in der Hauptsache auf materialistischen Prinzipien aufgebaut ist ...

Kant trat auch gegen die subjektiven Idealisten (besonders gegen Berkeley) und gegen den objektiven Idealismus auf, der die Existenz überempirischer, übernatürlicher (metaphysischer) Wesenheiten zuließ. Der Denker hatte bewiesen, daß die religiösen und idealistischen Vorstellungen über Gott und die Unsterblichkeit der Person jeder faktischen und theoretischen Grundlage entbehren und sie allein auf den Glauben gegründet sind, der allerdings auch als notwendig anerkannt wird. Die Polemik Kants sowohl gegen den subjektiven und objektiven Idealismus, als auch gegen die Theologie ... erweist sich als inkonsequent. Der Philosoph ging ganz richtig davon aus, daß außerhalb und unabhängig vom Bewußtsein ‚Dinge an sich' existieren, die auf unsere Sinne einwirken, die Empfindungen hervorrufen, aus denen sich die Erfahrung bildet, und auf dieser Grundlage dann das theoretische Wissen. Aber die ‚Dinge an sich' hält Kant prinzipiell für nicht erkennbar, indem er behauptet, daß nur die Phänomene erkennbar sind, deren Gesamtheit die Natur ausmacht. Erscheinungen aber existieren nach Kant nicht unabhängig vom Prozeß der Erkenntnis; sie entstehen auf dem Wege der Systematisierung der Sinneswahrnehmungen dank der Anwendung der Denkkategorien (Einheit, Kausalität, Möglichkeit, Notwendigkeit usw.). Diese Kategorien hält Kant für apriorisch, d. h. unabhängig von der Erfahrung, und der Erfahrung vorausgehend.

Dieses Verständnis der Erkenntnis hat subjektiven Charakter. Aber das Prinzip der Nichterkennbarkeit der ‚Dinge an sich', die von Kant jenseits der Grenzen der Natur und des Erkennens angesiedelt werden, ist ein philosophischer Skeptizismus oder Agnostizismus ...

V. I. Lenin hat darauf hingewiesen, daß die wichtigste Errungenschaft der deutschen klassischen Philosophie die Dialektik ist. Die Verdienste Kants dürfen auch in diesem Bereich nicht unterschätzt werden. Er hat als erster die Notwendigkeit einer nicht formalen Logik erkannt, die in der Folgezeit dialektisch genannt werden sollte, und hat die Gesetzmäßigkeit des theoretischen Wissens bewiesen.

Die sozialpolitische Lehre Kants gründete auf dem bürgerlich-demokratischen Ideal eines ‚gerechten Systems', welches die Abschaffung aller Formen der persönlichen Abhängigkeiten, die Garantie der persönlichen Freiheit, die Gleichheit aller Bürger vor dem Gesetz usw. meinte ... Das Ideal vom ewigen Frieden hielt er für realisierbar, darüber hinaus sah er in ihm die einzige Alternative zur ewigen Friedhofsruhe für die ganze Menschheit, zu der unvermeidlich die Kriege führen, wenn mit ihnen nicht für immer aufgeräumt wird. Dieser Gedanke ist auch in unseren Tagen aktuell.

Obwohl sie den doppeldeutigen, dualistischen Charakter der Lehre Kants kritisierten, haben die Klassiker des Marxismus-Leninismus ihre fortschrittliche Rolle in der Entwicklung der Philosophie unterstrichen. Wenn wir den 250. Jahrestag des Geburtstages des großen deutschen Philosophen begehen und all das Positive würdigen, was die Wissenschaft bereichert hat, dann lassen wir uns auch von dieser Grundeinstellung tragen.

Im Zusammenhang damit können wir auch nicht vergessen, daß die Anhänger der Reaktion, die Gegner des Marxismus-Leninismus, die Kant'sche Philosophie, die voll von Widersprüchen ist, auszuschlachten suchen. Sozialdemokratische, revisionistische Theoretiker sind schon lange dabei, die Lehre Kants als ‚ethischen Sozialismus' auszulegen, indem sie diesem den vom Geist des Klassenkampfes durchdrungenen wissenschaftlichen Sozialismus gegenüberstellen.

Diese Umwandlung Kants in einen antimarxistischen Philosophen ist auch eine Umwandlung seiner Philosophie. Kant war ein Vorläufer der Philosophie des Marxismus und nicht ihr Gegner. Kant in einen Gegensatz zum Marxismus bringen zu wollen, heißt, ihn allen dessen zu berauben, was es in seiner Lehre an historisch Wertvollem gibt.

Die Größe Kants eröffnet sich nur dank der theoretischen und der weltanschaulichen Durchdringung der Ergebnisse des großen historischen Weges, der zum revolutionären Umsturz in der Philosophie geführt hat, wie er von Marx und Engels verwirklicht wurde. Die wissenschaftliche Weltanschauung des Marxismus wurde zur großen geistigen Waffe im Kampf für die revolutionäre Umgestaltung der Gesellschaft."

Auf dieser tendenziös politisch ideologischen Basis haben die Philosophen der Sowjet-Union im April des Jubiläumsjahres

1974 Kantkonferenzen in Moskau, Leningrad, Tiflis, Kiew und Alma Ata sowie auch in Königsberg – sozusagen „unter sich" – durchgeführt.

Der sowjetische Philosoph Professor Žučkov hat in der sowjetischen philosophischen Fachzeitschrift „Voprosy Filosofii" (Moskau) (Die Fragen der Philosophie) über den Königsberger Kongreß berichtet[18], und zwar

a. über die akademische Feier der Studentenschaft am 24./25. 4. 1974 u. a.

„Auf der Plenarsitzung und in den Sektionssitzungen wurden mehr als 50 Vorträge gehalten und Berichte vorgelesen, die den verschiedenen Aspekten des kantischen Erbes gewidmet waren. Man muß sagen, daß die jungen Forscher ein großes Interesse der Philosophie Kants entgegenbrachten. Auf den Sektionssitzungen entwickelten sich Diskussionen, manchmal scharf und temperamentvoll, die aber durch das leidenschaftliche Verlangen bestachen, das Wesen der Kantischen Philosophie zu begreifen. Besonders ernst zu nehmende und originelle Vorträge wurden mit Ehrenurkunden ausgezeichnet und für die Veröffentlichung im Sammelband über die Materialien der Konferenz empfohlen"

und

b. über die eigentliche interuniversitäre Konferenz u. a.

„An der Arbeit der interuniversitären Konferenz zu Ehren Kants vom 26. bis 27. April für die Hochschullehrer nahmen ungefähr 300 Gelehrte aus fast allen Republiken des Landes teil. Außerdem wurden mehr als 100 Vorträge und Berichte eingesandt und teilweise auf den Sektionssitzungen verlesen. Die feierliche Plenarsitzung, die dem Kantjubiläum gewidmet war, eröffnete der Rektor der Kaliningrader Universität, Professor A. A. Borisov. Er unterstrich

---

18) vgl. VF 1974 No. 10, S. 159, abgedruckt auch bei Malter-Staffa, a.a.O., S. 72

die wichtige politische und wissenschaftliche Bedeutung der Kantkonferenz, die in der Stadt abgehalten wird, in der der große Denker lebte und arbeitete, und dessen schöpferisches Erbe der ganzen fortschrittlichen Menschheit gehöre."

Zum Abschluß der Konferenz wurden am Grabmal Kants Blumen niedergelegt.

Anläßlich der zweitägigen – 26./27. 4. 1974 – Königsberger Veranstaltung wurde ein Kant-Museum im Seitentrakt der Universität[19] eingerichtet. Es handelt sich hierbei um den einzigen erhaltengebliebenen Teil des alten Universitätsgebäudes am Paradeplatz. Das Museum ist untergebracht in einem ca. 60 qm großen fensterlosen Raum im 1. Stockwerk des Anbaus. Vorsitzender des Museumsrates wurde der damalige Inhaber des Lehrstuhls für Philosophie, der inzwischen verstorbene Professor I. M. GRINIŠIN, der sich über die Bedeutung und die Funktion des Museums in der deutschsprachigen sowjetischen Zeitschrift „Freundschaft" vom 4. 5. 1978 wie folgt geäußert hat[20]:

„Immanuel Kant, Gelehrter, Philosoph, Humanist, zählt zu jenen großen Denkern, die Marx die Lehrer der Menschheit nannte. Dank dem Marxismus ist heute alles historisch Wertvolle und Perspektivische in Kants Lehre wirksam geblieben.

Der große Königsberger Denker hat ein kolossales wissenschaftlich-theoretisches Erbe auf allen Gebieten der Philosophie und Kultur hinterlassen. Er ist der Begründer der deutschen klassischen Philosophie, einer der wichtigsten theoretischen Quellen des Marxismus.

Im Laufe von mehr als 40 Jahren war Kant Professor, Rektor der Königsberger Universität. Er unterrichtete in

---

[19] Hierbei handelt es sich um den sogenannten Liebenthal-Flügel, der von 1925–1928 von dem Tilsiter Architekten Robert Liebenthal geschaffen worden ist

[20] abgedruckt bei Malter-Staffa, a.a.O., S. 59/60

Philosophie, Astronomie, Mathematik, Logik, Geographie, Geschichte, Mechanik, Anthropologie und Physik.

Durch seine Werke übte Kant einen großen Einfluß auf die Entwicklung der europäischen und der Weltwissenschaft aus. Zugleich war Kant ein großer Humanist. Er war einer der ersten Philosophen, der vor Marx den Menschen als Hauptziel der Geschichte, als den höchsten sittlichen Wert betrachtete.

Als Dialektiker glaubte Kant an die Kraft des menschlichen Verstands und vor allem an eine vernünftige Gestaltung der menschlichen Gesellschaft, in der es keine Ungleichheit, keine Ungerechtigkeit und keine Kriege gibt. Er war ein Gegner der Kriege und betrachtete sie als Unheil für die einfachen Menschen. Im Traktat ‚Zum ewigen Frieden' bewies Kant, daß die Menschheit ohne Kriege leben kann und muß, und er glaubte, daß die Menschen letzten Endes den ewigen Frieden auf Erden errichten werden.

Obwohl die Klassiker des Marxismus die idealistischen Motive der Kant'schen Philosophie mit Recht kritisieren, schätzen sie gleichzeitig sehr hoch den Beitrag des Königsberger Denkers zur Geschichte der Weltkultur.

Die Kaliningrader bewahren sorgsam alles, was mit der Geschichte der fortschrittlichen Kultur des deutschen Volkes verbunden ist.

Für die Bekräftigung dieser Behauptung lassen sich viele Beispiele anführen. Vor fünf Jahren wurde im Zusammenhang mit Kant's 250. Geburtstag an der Kaliningrader Staatsuniversität ein Kant-Museum gegründet, das jetzt der Philosophischen Gesellschaft der UdSSR angegliedert worden ist. Das Kant-Museum verfügt über zahlreiche Exponate und Dokumente, die mit dem Leben und Schaffen der hervorragendsten Philosophen und Gelehrten verbunden sind, die an der Königsberger Universität wirkten oder studierten: Kant, Fichte, Her-

der, Helmholtz, Hamann, Jacobi, Baer, Minkowski, Kirchhof, Hilbert u. a.

Im Museum gibt es eine einzigartige Sammlung seltener erster Ausgaben von Werken dieser Denker, Dokumente und andere Exponate. Einige hervorragende Gelehrte der Königsberger Universität (Kant, Baer, Kirchhof, Jacobi) waren Ehrenmitglieder der Russischen Akademie der Wissenschaften. Im Museum sind Äußerungen von Marx und Lenin über die Einstellung des Marxismus zum Kulturerbe der Vergangenheit gesammelt.

Auf der Basis des Museums werden alljährlich Kant'sche Lesungen organisiert, es sind bereits zwei wissenschaftlich-theoretische Unionskonferenzen zum Thema ‚Die Kant'sche Philosophie und die Gegenwart' veranstaltet worden, an der sich die Kant-Forscher aller Unionsrepubliken der UdSSR beteiligten. Die Materialien der Kant'schen Lesungen und der wissenschaftlich-theoretischen Konferenzen sind in zwei Kant-Sammelbänden veröffentlicht worden. Solche Sammelbände werden jetzt alljährlich an der Kaliningrader Universität herausgegeben. Zum Druck werden zwei neue Sammelbände über I. Kants theoretischen Nachlaß vorbereitet. Auch eine biographische Skizze ‚Immanuel Kant' ist erschienen. Die Studenten und Lehrer der deutschen Abteilung der Fakultät für Fremdsprachen beteiligen sich aktiv an der Arbeit des Museums.

Bereits mehr als 6000 Menschen haben das Museum besucht. Die begeisterten Eintragungen im Gästebuch bestätigen die hohe Bedeutung der Tätigkeit des Kant-Museums."

Das Museum wurde 1977 der philosophischen Gesellschaft der UdSSR unterstellt – ob zum Leidwesen der Königsberger Philosophen ist für mich ungeklärt.

DIE KANT-LESUNG 1977

Anläßlich des Kant-Kongresses in Königsberg 1974 wurde die Einrichtung eines in dreijährigen Intervallen tagenden Kant-Symposions beschlossen. Damit sollte sichergestellt werden, daß das geistige und schöpferische Erbe Kants erhalten und weiterentwickelt wird. Wie zeitlich vorgesehen, fand das erste Symposion vom 28.–30. September 1977 in Königsberg statt. Wie von dem Königsberger Professor L. A. Kalinnikov berichtet, wurde die Veranstaltung mit einem Vortrag von Professor D. M. Griniŝin über das Thema „Immanuel Kant – Gelehrter, Philosoph und Mensch" eröffnet[21]. Philosophen auch aus anderen Städten der UdSSR, wie z. B. aus Moskau, Leningrad, Kiew und Wilna nahmen an der Tagung teil. Besondere Beachtung fand ein Beitrag von Professor Dr. I. S. Narskij[22] über das Thema „Das Problem der Widersprüche im Denken (Zenon von Elea, Kant, Hegel)". Nach Ansicht von Narskij stellen die ausgesprochenen Problemerkenntnisse eine wichtige Etappe in der Entwicklung der Lehre von Widersprüchen in der vormarxistischen Zeit dar. Dabei sei hervorzuheben, daß sich Hegel infolge der Verabsolutierung der Antinomien hinter Kant zurückgehalten habe, indem er die Struktur und den Inhalt der Widersprüche im Erkennen mit den analogen Charakteristika der objektiven Widersprüche gleichgesetzt habe. Es sei somit das größte Verdienst Kants gewesen, auf die Besonderheit der Widersprüche im Erkennen hingewiesen zu haben.

---

[21] Bericht in russischer Sprache in FILOSOFSKIE NAUKI 3, 1978, 165–169, in deutscher Sprache abgedruckt bei Malter-Staffa, S. 78–80

[22] Mitglied des Zentralkomitees der Akademie der Wissenschaften in Moskau

DER KANT-KONGRESS IN RIGA 1981

Wohl auch aus dem Wunsche heraus die Isoliertheit bei Kant-Symposien oder Kongressen – das sogenannte „Unter-sich-sein" – zu überwinden, aber sicher auch wohl aufgrund zahlreicher Anstöße ausländischer und insbesondere westlicher Philosophen wollte man sich gern für das nächste an sich schon 1980 in Königsberg fällige Symposion für ausländische Teilnehmer öffnen. Die sowjetischen Veranstalter sahen sich indessen unüberwindbaren Schwierigkeiten gegenüber, ein derart anspruchsvolles Programmvorhaben kurzfristig und repräsentativ zu realisieren. Hierbei haben zweifellos politische Hindernisse, die sich aus der abgesperrten Lage des nördlichen Ostpreußens ergeben, die Hauptrolle gespielt; daneben aber auch der Mangel an ausreichender Infrastruktur in der Stadt und/oder seiner Umgebung, die für die Durchführung einer solchen Veranstaltung unter Beteiligung von ausländischen Gästen unerläßliche Voraussetzung ist. Schließlich mangelte es in der Stadt sowohl an geeigneten Veranstaltungsräumen mit Übersetzungseinrichtungen als auch an Hotelkapazität. Andererseits war man sich auf sowjetischer Seite auch darüber klar, daß Kant untrennbar mit Königsberg verbunden ist und daß deshalb eine internationale Veranstaltung in Kant's Heimatstadt einen unvergleichlich höheren Stellenwert als an jedem anderen Ort haben mußte. Ergo versuchte man auf sowjetischer Seite nach einem akzeptablen und gleichermaßen glaubwürdigen attraktiven Ausweg. Hierfür bot sich folgendes Konzept an.

1. Es wird auf ein Symposion im Jahre 1980 in Königsberg verzichtet.

2. Die 200. Wiederkehr der Herausgabe von Kants „Kritik der reinen Vernunft" im Jahre 1981 ist eine hervorragende Basis für einen internationalen Kongreß.

3. Da das berühmte Werk 1781 bei J. F. Hartknoch[23] in Riga verlegt worden war, bot sich Riga als Tagungsort an.

So wurden von den sowjetischen Gastgebern Wissenschaftler aus Ost und West zu einem

„Internationalen Symposium I. Kant: Kritik der reinen Vernunft und die Gegenwart"

nach Riga eingeladen. Der Kongreß fand statt vom 27.–29. Oktober 1981 und wurde von mehr als 100 Fachgelehrten von Hochschulen und wissenschaftlichen Zentren der Sowjetunion, Großbritannien, Holland, Bulgarien, der Bundesrepublik Deutschland, der Tschechoslowakei und der DDR sowie aus Mexiko und Japan besucht. Von deutscher Seite nahm der Präsident der Internationalen Kantgesellschaft und Herausgeber der Zeitschrift „Kant-Studien", Professor Dr. Gerhard Funke (Universität Mainz), als Ehrengast am Symposion teil. Funke stellte sein Referat unter das Thema „Kants Antinomienproblem in Hegels Kant Kritik"[24], eine Problematik, mit der sich auch I. S. Narskij schon anläßlich der Kant-Lesung in Königsberg 1977 beschäftigt hatte und das deshalb besonderer Aktualität nicht entbehrte[25].

---

23) H. war als Theologie-Student ehemals Schüler Kants und Handlungsgehilfe bei Kanter in dessen Buchhandlungen in Mitau und Riga bevor er selbständig wurde

24) vgl. den bei Malter-Staffa abgedruckten Bericht über den Gesamtverlauf des Kongresses „VOPROSI FILOSOFII", a.a.O., S. 86; vgl. ferner das bei Malter-Staffa als Anhang III, S. 108–115, abgedruckte vollständige Tagungsprogramm, welches viersprachig in Russisch, Lettisch, Deutsch und Englisch abgefaßt wurde

25) vgl. oben Anm. 22

DER KANT-KONGRESS IN KÖNIGSBERG 1988

Was die sowjetischen Kant-Verehrer 1980 als unrealisierbar verwerfen mußten, wurde für 1988 programmiert: eine Kant-Lesung in Königsberg anläßlich der 200. Wiederkehr der Herausgabe von Kant's „Kritik der praktischen Vernunft" unter Teilnahme von ausländischen Gelehrten, und zwar auch aus Deutschland. Allein die noch immer unzureichenden infrastrukturellen Zustände in der Stadt machten eine solche Veranstaltung auf breiter internationaler Ebene von vornherein unmöglich. Zwar verfügt die Stadt jetzt über neugebaute Hotelkapazität, diese ist indessen kaum ausreichend, um die allein im Verwaltungs- und gewerblichen Bereich ständig bestehende Nachfrage zu befriedigen. Etwa auf dem Gelände des ehemaligen Schlosses wurde das siebengeschossige Hotel Kaliningrad erbaut, während das ehemalige Verwaltungsgebäude der Versicherungsgesellschaft „Nordstern" gegenüber dem Tiergarten heute als Hotel „Moskwa" dient. Das ehemalige dem Luxusangebot zuzurechnende „Park Hotel" am Schloßteich hat zwar den Krieg überlebt, befindet sich aber eher in einem desolaten Zustand ohne irgendeine Verwendung. Ob es in Zukunft wieder – nach einer grundlegenden Renovierung – als Hotel funktionsfähig gemacht werden soll, ist wohl zur Zeit nicht entschieden. Die auswärtigen Gäste des Kant-Kongresses mußten aus diesen Gründen in Rauschen, in gewerkschaftseigenen Pensionaten, die in der Nähe des Bahnhofs Rauschen-Düne unweit des Warmbades entstanden sind, untergebracht werden.

Die Vorbereitung und Organisation des Kongresses oblag der Kaliningrader Staatlichen Universität unter dem Vorsitz ihres Rektors Professor Dr. H. A. Medwedjew und der Kaliningrader Sektion der Philosophischen Gesellschaft der UdSSR unter Leitung ihres Sekretärs Professor Dr. L. A. Kalinnikov, dem derzeitigen Inhaber des der Lehre Kants zuzuordnenden philosophischen Lehrstuhls der Universität.

Das gedruckte Programm für die vom 12.–14. Oktober 1988

terminierte IV. Kant-Lesung erhielt ich Anfang August 1988 – wie viele Exemplare auch an sonstige ausländische Interessenten gingen, ist nicht bekannt. Aus dem Programm, das nach dem erklärten Willen der Veranstalter zugleich als Einladung gewertet werden sollte, ergibt sich folgendes:

1. Von 100 Wissenschaftlern aus 38 Städten der Sowjetunion wurden thematisch vorweg bestimmte Tagungsbeiträge angeboten, darunter 19 aus Moskau, 13 aus Kaliningrad, 10 aus Leningrad, 5 aus Kiew und je 4 aus Tallinn/Riga, um nur die am stärksten vertretenen Städte zu nennen.
2. Als einzige ausländische Beiträge wurden angekündigt:
   a. Plenarsitzung am 12. 10. 1988 , und 10.15 Uhr: Professor Dr. Funke G. (Mainz, BRD) „„Der Weg zurück zu Kant bedeutet Fortschritt".
   b. Ausschußsitzung am 14. 10. 1988 vormittags: Professor Dr. Malter R. (Mainz), „Individuum und Gesellschaft in der anthropologischen und geschichtsphilosophischen Lehre Kants".
   c. Plenarsitzung am 14. 10. 1988, 15.00 Uhr: Professor Dr. Jürgen Lebuhn (BRD), „Königsberger Universität, Vortrag eines ehemaligen Studenten".

Die IV. Kant-Lesung wurde programmgemäß am 12. Oktober 1988 in einer Plenarsitzung durch den Pro-Rektor der Kaliningrader Staatlichen Universität, Herrn Professor Dr. Eugeny V. Krasnov[26] im Parteigebäude der KPdSU in Rauschen eröffnet, und zwar in Anwesenheit von ca. 150 sowjetischen Gelehrten und mir als einzigem ausländischen Teilnehmer. Das Podium war mit einer aus dem Kant-Museum stammenden Büste Kants (nach Hagemann) und auch mit Blumen geschmückt.

Im Anschluß an die offizielle Begrüßung gab ich auf Wunsch der Konferenzleitung eine persönliche Erklärung ab, gele-

---

[26] Der Rektor selbst war an diesem Tage wegen eines Todesfalles in seiner Familie verhindert.

gentlich welcher ich insbesondere auch auf die alte Tradition der alten aus dem Jahre 1544 stammenden ehrwürdigen Albertina als deren ehemaliger Student hinweisen konnte. Ich verwies auch auf die bedeutsame Mittlerrolle der Albertina zwischen West und Ost schon während früherer Jahrhunderte und brachte meine Genugtuung und Freude darüber zum Ausdruck, daß die IV. Kant-Lesung erstmals unter deutscher Beteiligung in der Stadt Kants stattfinden könne. Ich brachte meine Überzeugung dafür zum Ausdruck, daß die große Integrationskraft Kants und seiner Lehre hierfür kausal sei und daß sein Geist wie auch der Geist der ehrwürdigen Albertina trotz Zerstörung der Universitätsgebäude auch in Zukunft lebendig bleiben würden.

Die einführenden wissenschaftlichen Referate wurden sodann wie folgt gehalten:

1. Professor Dr. L. A. Kalinnikov
   „Der kategorische Imperativ und die teleologische Methode Kants"

2. Professor Dr. I. S. Narskij
   „Das Verstehen des ‚Ding an sich' in der Kritik der praktischen Vernunft"

3. Professor Dr. L. A. Abrajan (Erewan)
   „Leidet die Kant'sche Ethik unter dem Formalismus?"

Für die Übersetzung dieser Referate – wie auch für alle anderen Gelegenheiten – stand mir in Herrn Ivan Kopzew, einem Lektor für Germanistik der Universität, ein ebenso fähiger und stets einsatzbereiter, aufgeschlossener Dolmetscher zur Verfügung. In persönlichen Gesprächen mit den teilnehmenden Gelehrten konnte ich allerdings feststellen, daß die meisten von ihnen die deutsche Sprache sehr gut beherrschten.

a. Die Wertung der Lehre Kants unter dem Einfluß der Perestroika.

So erhielt ich über Herrn Kopzew wie auch durch persönliche Gespräche sehr schnell den Eindruck vermittelt, daß sich seit der Rigaer Konferenz im Jahre 1981 als Folge der von Generalsekretär Gorbatschow eingeläuteten Perestroika am philosophisch-historischen wie auch am teleologisch bestimmten Auslegungsdenken der Lehre Kants bei den sowjetischen Philosophen einiges geändert hatte.

Gause hat dem von ihm geschaffenen II. Teil dieses Buches quasi als Anhang[27] eine Stellungnahme Kants zur Frage „Was ist Aufklärung"[28] beigegeben. So wie damals Kant das Zeitalter der Aufklärung eingeleitet hat, ist man jetzt in der UdSSR bemüht und engagiert, sich die Aufklärungsmaximen Kants auch politisch – ja sogar politisch-ideologisch – nutzbar zu machen. Daß man hierbei versucht, für die Aufklärungsmaximen Kants im Sinne der von Gause zitierten Abhandlung Freiräume im marxistisch-leninistischen Ideologiebereich zu entdecken, wird niemanden überraschen, wenngleich auch offenbar stillschweigend unterstellt wird, daß derartige exzessive Ideologieauslegungen im Rahmen des marxistisch-leninistischen Denkungsbereichs nicht nur zu tolerieren sind, sondern unter Zuhilfenahme der teleologischen Aspekte sogar höchst wünschenswert erscheinen – so etwa nach dem Motto: Stillstand und Beharrungsstarre im Denken schließen den Fortschritt aus und bedeuten Rückgang. So konnte ich sehr bald feststellen, daß sich auch die Bevölkerung in der UdSSR in einer der Aufklärungszeit von vor 200 Jahren vergleichbaren Phase des Ausbrechens aus der Unmündigkeit des Denkens und der Unfreiheit des vernünftigen Handelns befindet. Kant selbst hat gelehrt[29], daß „ein Publikum nur langsam zur

---

27) vgl. S. 202, oben

28) abgedruckt in Berlinische Monatsschrift 1784, Dezember, S. 481ff.

29) Kant „Was ist Aufklärung", siehe S. 202

Aufklärung gelangen kann. Durch eine Revolution wird vielleicht wohl ein Abfall von persönlichem Despotismus und gewinnsüchtiger oder herrschsüchtiger Bedrückung, aber niemals wahre Reform der Denkungsart zustande kommen; sondern neue Vorurteile werden, ebensowohl als die alten, zum Leitbande des gedankenlosen großen Haufens dienen". Hiermit hat Kant mit geradezu verblüffender Einfachheit, aber auch Deutlichkeit die Probleme aufgezeigt, denen sich heute die „Perestroika" in ihren Realisierungsbemühungen gegenübergestellt sieht. Die Bevölkerung wünscht mehrheitlich eine schnelle Reform – verkennt aber vielfach, daß Reformen auch denen wehe tun können, die sogenannte „wohlerworbene Rechte" verlieren oder jedenfalls den Status wechseln. Hier liegt ein unverkennbar großes Gefahrenmoment, dessen Beherrschung oder gar Überwindung mit den Mitteln der Lehre Kants deutlich spürbar versucht wird. Deshalb ist heute in Königsberg die Kenntnis von Kant-Lektionen nicht nur den Wissenschaftlern vorbehalten, sondern Gadankengut der reformwilligen Bevölkerung auf breiter und bereiter Basis.

Mit einer Beschäftigung der Lehre Kants ist aber untrennbar auch eine ausreichende Geschichtskenntnis verbunden. Die Bevölkerung im heutigen Kaliningrad hat längst verstanden und begriffen, daß ihre Stadt nicht erst seit 1945 oder seit ihrer Benennung als „Kaliningrad" existiert – sie hat klar erkannt, daß zwar Gebäude in Schutt und Asche sinken können und daß man Menschen zwangsweise aussiedeln kann – ein Schicksal übrigens, daß die meisten Bewohner in und um die Stadt selbst erlitten haben, – daß man aber nicht eine Jahrhunderte dauernde Geschichte ungeschehen oder gar vergessen machen kann. Die Bewohner dürsten deshalb nach Informationen über die Geschichte ihrer Stadt, die sie nur dürftig erhalten können, weil nur sehr wenige Quellen zur Verfügung stehen, solange der offene Kontakt mit Deutschland gehemmt ist.

Diese hier von mir vertretene Meinung wird neuerdings auch öffentlich geäußert und verbreitet. So hat zum Beispiel Vadim Chrappa kürzlich in der Moskauer Samisdatzeitschrift „Referendum"[30] Ausführungen gemacht, aus denen ich wie folgt auszugsweise zitiere:

„Unsere Stadt ist nach einem Mann benannt, der keinerlei Beziehung zu ihr hat, und wenn wir nach unserer Nationalität gefragt werden, antworten wir ‚Kaliningrader', obwohl uns diese Selbstbezeichnung irgendwie schmerzt; dafür antworten wir aber auf die Frage, wo wir denn herkommen, nicht ohne geheime Schadenfreude: ‚Aus Königsberg'..."

„Wir sind Bürger einer Stadt, deren Boden seit Jahrhunderten getränkt ist von Blut, einer Stadt, die ununterbrochen in Flammen gestanden hat und sich immer wieder aus der Asche erheben konnte; einer Stadt, die der Welt große Philosophen und Dichter, Astronomen und Mathematiker geschenkt hat; einer Stadt, in der die Kulturschaffenden und -träger vieler Länder und Völker ausgebildet wurden und deren Universität 200 Jahre älter ist als die Moskauer. Hier befindet sich der älteste Garten Europas, das älteste Schloß des Landes, der einzige Bernsteintagebau der Welt. Einzigartige klimatische und natürliche Bedingungen ermöglichen das Nebeneinander von Weintraube und Sumpfbrombeere, Aal und Lachs, Dünen und Bibersümpfen..."

„Die Liste der Gegenstände unseres Stolzes ließe sich endlos fortsetzen. Aber es läßt sich auch eine andere Liste erstellen: Im landeskundlichen Museum beginnt die Geschichte unserer Stadt mit dem Jahre 1946 (!), und Informationen

---

30) Vergl. Vacim Chrappa, Samisdatzeitschrift „Referendum" (Nr. 10), Übersetzung aus dem Russischen von Madeleine G. Ballestrem in der Zeitschrift „Kontinent", Heft 3/89, S. 99–101.

über Dinge, wie sie oben erwähnt wurden, lassen sich nur auf illegalem Weg beschaffen...“

„Bei unseren Eltern ist noch alles in Ordnung. Sie haben irgendwo irgendeine Heimat, an die sie sich noch gut erinnern, und die sie auch uns aufzwingen wollen. In der Kindheit nehmen sie uns irgendwohin mit nach Belorußland oder an die Wolga oder jenseits des Urals und geben sich dort alle Mühe, uns die Liebe und Treue zu den Birkenwäldern, zu vergoldeten Kuppeln und Zwiebeltürmen, zu Bastschuhen und den jeweiligen sprachlichen Besonderheiten einzuimpfen... eben zu all dem, was ihnen, unseren Eltern, teuer und uns fremd ist. Indem wir heranwachsen und uns instinktiv diesen Zwangsimpfungen widersetzen, werden wir immun.“

„Wir haben eine Heimat. Sie ist hier bei diesem rauhen Bernsteinmeer, in dieser unglücklichen, ausgeplünderten Stadt, untrennbar verbunden mit ihrem Geschick, ihrer Vergangenheit und ihrer Zukunft. Gebt uns unser Geschichte zurück. Man braucht ihr nicht die Arme abzudrehen oder ihr Gesicht zu entstehen. Gebt sie uns so, wie sie ist.“

Erklärungen und Äußerungen solchen Inhalts sind mir gegenüber vielfach gemacht worden und zwar nicht nur aus dem Umfeld der Universität, sondern auch von Bewohnern der Stadt und ihrer Umgebung.

Während des Kant-Kongresses habe ich versucht, mich mit Hilfe meines Dolmetschers auch über die Veröffentlichungen in der lokalen Presse zu informieren. Herr Kolpev war sehr begeistert, daß er mir allmorgendlich aus der „Kaliningrader Prawda“ große Artikel vorlegen konnte, die sich jeweils mit geschichtlichen Themen der Stadt Königsberg eingehend befaßten, ausgestattet mit historischen Bildern. Ich erwähne die folgenden Beiträge:

11. 10. 88:	Der Königsberger Dom
12. 10. 88:	Die alte Universität auf der Dominsel
13. 10. 88	Die neue Universität am Paradeplatz
14. 10. 88:	Besuch des Kant-Museums

Es besteht also die Bereitschaft, sich der Geschichte zu stellen und sie wahrheitsbewußt aufzuarbeiten. Zusammenfassend habe ich somit empfunden, daß sich in und um Kant ein Erkenntnis- und Lebenspotential sui generis entwickelt hat, mit dem die Bevölkerung ihre Zukunftserwartungen verknüpft und dem sich die Wissenschaft als dienende Kraft geöffnet hat.

Kant ist somit auch heute noch in zweierlei Hinsicht in Königsberg präsent: einerseits liefert seine Lehre die Basis für eine Aufklärungsphase von hoher politischer Bedeutung und andererseits schafft er diejenigen Zwänge, die schon jetzt dazu geführt haben, daß die deutsche Geschichte und Kultur in stetig zunehmendem Maße aufgearbeitet wird.

Beredte, wenn auch vielleicht nur bescheidene Anzeichen für die Richtigkeit meiner Eindrücke und Empfindungen sind sicher auch folgende Tatsachen:

aa. Von der Honigbrücke kommend, passiert man auf dem Weg zum Kant-Grabmal an der Ostseite des Doms den granitenen Denkstein des Begründers und Predigers der freien evangelischen Gemeinde Julius Rupp (1809–1884). Der alte Stein trägt unverändert als Inschrift den Ausspruch des allseits verehrten Predigers:

> „Wer nach der Wahrheit, die er bekennt, nicht lebt, ist der gefährlichste Feind der Wahrheit selbst."

bb. Das Schiller-Denkmal von Cauer, welches man an seinem alten Standort gegenüber dem Neuen Schauspielhaus wiederfindet, habe – wie mir mein Dolmetscher erklärte – jahrelang nur eine Inschrift in kyrillischen Buchstaben gehabt, inzwischen erscheint der

Name des deutschen Dichters auch in lateinischer Schrift auf dem Denkmalssockel.

cc. Auf der Dominsel zwischen Dom und nördlichem Pregelarm ist seit kürzerer Zeit das Denkmal Walthers von der Vogelweide aufgestellt, welches früher im Tiergarten zu finden war.

dd. In der Universität wird das Studium der Germanistik besonders gefördert.

ee. Es wird allgemein bedauert, daß die Ruine des alten Schlosses gesprengt und abgetragen wurde.

ff. Der Rektor der Universität versicherte mir, daß alles, was an kulturellem Erbe der Stadt und insbesondere der Universität erhalten geblieben ist, sorgfältig gepflegt und erhalten wird.

gg. Es wird das Andenken an berühmte deutsche Komponisten und Wissenschaftler gepflegt und bewahrt, weshalb es eine Liszt-, Bach-, Brahms-, Wagner- und Weberstraße gibt und auch eine Kopernikusstraße. Für den bekannten Königsberger Astronomen Wilhelm Bessel wurde erst vor kurzem ein Grabstein eingeweiht.

b. Der Besuch des Kant-Museums am 12. 10. 1988

Am 12. 10. 1988 fand die offizielle Besichtigung des bereits 1974 gegründeten Kant-Museums im Seitenflügel der Universität am Paradeplatz statt.

Das repräsentative Gebäude der sogenannten neuen Universität, welches nach den Plänen des Schinkel-Schülers Friedrich August Stüler im Stile der Florentiner Renaissance gebaut und am 20. Juli 1862 seiner Bestimmung übergeben wurde, war bei Kriegsende eine ausgebrannte und wahrscheinlich kaum restaurierbare Ruine. Der Rektor der Universität schenkte mir anläßlich eines Empfanges bei ihm das umseitig reproduzierte Foto der Universität vom Tage nach der Kapitulation mit seiner persönlichen Widmung. Jeder, der das unvergeßlich schöne und ansprechende Gebäude der Albertina gesehen hat, weiß, daß hier ein Kulturgut besonderer Art verlorengegangen ist. Auf den Grundmauern der Ruine haben die Sowjets einen neuen Universitätsbau errichtet, der in seiner Formation zwar ein wenig an das alte Gebäude erinnert, im übrigen aber ein eher einfältiger Zweckbau geworden ist, ohne Anspruch auf kulturarchitektonische Bedeutung. Der neue Betonbau hat eine unmittelbare Verbindung zu dem erhalten gebliebenen sogenannten Liebenthalschen Erweiterungsbau. Von vorn gesehen auf der linken Seite erreicht man über eine alte erhalten gebliebene marmorgedeckte Treppe das Kant-Museum. An dem erhalten gebliebenen Parkett-Fußboden und den Bodenkacheln ist der Seitenflügel des alten Universitätsgebäudes unschwer zu erkennen. Beim Betreten des Museumsraumes erkennt man gleich rechter Hand die Büsten Kants, Schellings, Fichtes und Herders.

Im Museum befinden sich ca. 350 Bücher aus der Berühmten Wallenrodt'schen Bibliothek und einige Bücher aus Herzog Albrecht's „Goldbibliothek", Werke von Cicero, Aristoteles sowie astronomische und mathematische Lehrbücher und alle Hauptwerke Kants. Ferner sind Bilder von Kant und aus Kant's Leben sowie Kleinstatuen, Medaillen, Münzen und Gegenstände von Kant's persönlichem Gebrauch ausgestellt. Auch ein Modell des berühmten Kant-Häuschens in Moditten ist zu sehen[31)].

Die Leiterin des Museums ist Frau Olga S. Krupina, eine ebenso begeisterte wie auch engagierte Verehrerin Kant's. Frau Krupina hatte unsere Führung im Museum persönlich übernommen und sich dabei als hervorragende Sachkennerin erwiesen. Ich bin sicher, daß sie sich ihrer Aufgabe mit großem Verantwortungsgefühl und mit ausgeprägtem Geschichtsbewußtsein widmet.

[31)] vgl. weitere Einzelheiten bei Malter-Staffa, a.a.O., S. 65–70

Die wissenschaftliche Betreuung des Museums liegt ebenfalls in hervorragenden Händen. Professor Dr. L. A. Kalinnikov läßt seine Doktoranden und Aspiranten Referate halten u. a. auch über den Zusammenhang der Lehre Kants mit der Gegenwart. Es wird auch ein internationaler Gedankenaustausch mit Lehranstalten und Organisationen im In- und Ausland, so beispielsweise auch mit der Internationalen Kant-Gesellschaft in Mainz und der von ihr herausgegebenen Zeitschrift „Kant-Studien", unterhalten.

Aus Anlaß der IV. Kant-Lesung in Königsberg ist von einem lokalen Künstler eine Erinnerungsmedaille aus Gips, eingelassen in einen Holzrahmen, geschaffen worden. Diese wurde mir zur Erinnerung an meinen Besuch im Kant-Museum von der Museumsleitung überreicht. Die Medaille zeigt auf der einen Seite den Kopf Kants und ist in lateinischen Buchstaben überschrieben mit:

IMMANUEL KANT 1724–1804.

Auf der Rückseite ist die Frontansicht des Königsberger Doms geprägt, umschrieben mit den Worten:

(links vom Turm russisch in kyrillischen Buchstaben:)

1988 KALININGRAD UNIVERSITÄT

(rechts vom Turm deutsch in lateinischen Buchstaben:)

1788/1988 KRITIK DER PRAKTISCHEN VERNUNFT

c. Blumenniederlegungen am Kant-Grabmal am 12. 10. 1988

Am späteren Nachmittag des 12. 10. 1988 wurde das Kant-Grabmal an der Domruine auf dem ehemaligen Kneiphof besucht. Die Anfahrt erfolgte von der Universität über den neuen, aus dem ehemaligen Steindamm und der Tragheimer Kirchenstraße verbreiterten Straßentrakt Richtung Gesekusplatz zum Pregel und dann den Fluß entlang auf einer neuen, über den alten Fischmarkt führenden breiten Straße zur Holzbrücke und dann die ehemalige Lindenstraße entlang zur Honigbrücke. Von hier ging es zu Fuß über die mir unverändert erschienene Honigbrücke direkt zum Dom. Nachdem ich gemeinsam mit Herrn Professor Dr. Kalinnikov Blumen am Kenotaph Kants niedergelegt hatte, folgten dieser Zeremonie alle anwesenden Kongreßteilnehmer, aber auch Bürger der Stadt in andächtiger Stille.

Ich habe sodann folgende kurze Ansprache gehalten:

Als ich erstmals vor 46 Jahren an dieser Stelle als Student der Albertina stand, empfand ich tiefe Ehrfurcht vor Kant und vor der Stadt Königsberg. Der Zutritt erfolgte damals über den Hof des Kneiphöfschen Gymnasiums und rückwärts blickte man auf die Gebäude der alten Universität, an der Kant einst studierte und lehrte. Die Dominsel war ein Kulturdenkmal aus der Zeit des Deutschen Ordens. Heute beherbergt die Dominsel nur die Domruine mit dem unzerstörten Grabmal Kants. Ich bin tief bewegt, daß es mir vergönnt ist, hier heute nach so langer Zeit wieder zu stehen zusammen mit Menschen, die Kant gleichermaßen verehren wie wir Studenten und die Bevölkerung dieser Stadt damals. Sie, lieber Herr Kollege Kalinnikov, haben hier und heute mit unserem gemeinsamen Auftreten am Grabmal Kants dokumentiert, daß der deutsche Philosoph Immanuel Kant durch seine große Persönlichkeit und durch seine Lehre fortwirkt für die Erkennung von Gemeinsamkeiten unserer Völker. Ich bin stolz auf Immanuel Kant – ich bin stolz auf die ehrwürdige Albertina – ich danke Ihnen allen für Ihr Verständnis und für Ihre Freundschaft.

Bei einem anschließenden Rundgang um die Domruine konnte ich zu meiner großen Zufriedenheit feststellen, daß die Sowjets erhebliche Konservierungsmaßnahmen durchgeführt haben, so daß dem Wiederaufbau des Doms wohl kaum Hindernisse technischer Art entgegenstehen.

d. Festvortrag im Plenum: „Kants Einfluß auf die Albertina zu seiner Zeit"

Am 14. 10. 1988 habe ich in den folgenden Vortrag gehalten:

„Magnifizenz, Herr Prorektor, sehr verehrte Kollegen, meine sehr verehrten Damen und Herren, liebe Freunde.

Ihnen, Magnifizenz, danke ich für Ihre liebenswürdige Einladung, die es mir ermöglicht hat, hier und heute bei dem Kant-Jubiläum anwesend zu sein. Sie, sehr verehrter lieber Herr Kollege Kalinnikov, haben den persönlichen Kontakt zu mir hergestellt und sich entsprechend für die Realisierung dieser Reise an die Stätte meiner Studienzeit an der ehrwürdigen Albertina eingesetzt. Auch Ihnen gilt deshalb mein ganz besonders herzlicher Dank. Ich empfinde es als eine Auszeichnung und Ehre, daß ich heute Gelegenheit habe, über Immanuel Kant und seinen Einfluß auf die Albertina vor diesem Auditorium zu sprechen. Ich stehe hier und heute mit bewegtem Herzen und es fällt mir schwer das auszudrücken, was meine Seele zutiefst berührt, nachdem ich auf den Kalendertag genau nach 44 Jahren diese Stadt und seine Umgebung wiedersehen konnte. Als ich am 11. Oktober 1944 Königsberg verließ, hatte ich hier fünf Semester Rechtswissenschaften studiert und empfand tiefe Dankbarkeit für das hohe Niveau meiner Ausbildung und für ein ungewöhnliches Studium inmitten einer Welt des Krieges, Es gab eigentlich nur positive Voraussetzungen für ein erfolgreiches Studium, nämlich: kaum besetzte Hörsäle, persönliche Nähe der Professoren und eine Umgebung voller Attraktionen. Das Studium Generale stand im Vordergrund – es war ausgerichtet auf den Erwerb eines möglichst hohen und stabilen Bildungsniveaus. Kein Wunder, daß von uns Studenten auch der Besuch von Vorlesungen vom Lehrstuhl Immanuel Kants als Selbstverständlichkeit erwartet wurde. Wenn ich somit heute als Jurist bei Ihnen, den Philosophen, zu Gast sein darf, so empfinde ich darin keineswegs eine unvertretbare Besonderheit oder gar Abartigkeit. War es doch Kant, den Sie alle durch diese Veranstaltung so sehr ehren, der die Unteilbarkeit der Gei-

steswissenschaften manifestiert, aber auch praktiziert hat. Stehen nicht Theologie, Jura, Mathematik und die Philosophie schlechthin unter dem gemeinsamen Dach der Logik! Ist es nicht richtig, daß die Rechtsphilosophie das von uns Menschen Erdachte und genormte Recht stabil und folgerichtig hält und damit diejenigen Zwänge schafft, die uns Menschen immer und immer wieder veranlassen, darüber nachzudenken, ob das bisher von uns erdachte und Erschaffene konstruktiver und praktischer Kritik standhält. Es wird ein ewiges Ringen um das Optimum sein. Das Maximum zu erringen, wird wahrscheinlich an der Fehlbarkeit des Menschen selber scheitern. Im Umgang mit dem Recht hat der Mensch von Natur aus, was seine eigenen Rechte angeht, wenig Schwierigkeiten. Das Beachten fremder Rechte indessen fällt meist schwer. Hier ist Schulung und Erziehung für ein hohes Moralempfinden geboten. Ich muß hier und heute dankbar bekennen, daß mir vom Lehrstuhl Kants und auch aus rechtsphilosophischen Vorlesungen dieser ehrwürdigen großen europäischen Universität das Gefühl und der Instinkt für derartiges Moralverhalten nachhaltig vermittelt worden sind – zuletzt anläßlich der großen Vorlesung des Professors Schieder anläßlich der 400-Jahr-Feier der Universität im ehemaligen Schloß, wo sich nota bene auch das Oberlandesgericht befand, in dem meine Examensarbeiten am 30. August 1944 infolge eines englischen Luftangriffes total verbrannten. Humanität und Moral sind besonders nach der Lehre Kants die Basiselemente für die Findung der Aufklärungsmaximen, nach denen über die Jahrhunderte unter den verschiedensten Perspektiven gesucht und geforscht worden ist – ja auch gerungen worden ist. Die Untersuchung der menschlichen Erkenntnisfähigkeit wie andererseits der Drang nach natürlicher Entfaltung des Individuums als Diskussionsthemen für die großen Fragen des Staates und der Gesellschaft finden in der Persönlichkeit Kants eine Art Abklärung und Versöhnung. Und doch tritt bei dem großen Genie der Wert dieser vereinigenden Kraft seines Geistes noch zurück hinter demjenigen der mächtigen Energie seines Grundgedankens: nämlich die Überzeugung von der gesetz-

gebenden Kraft der Vernunft – der ratio – in Wissenschaft und Leben, mit der Kant praktisch das Geheimnis des Zeitalters der Aufklärung ausspricht. Bei solcher Erkenntnis über das Wirken und Streben des großen Gelehrten fällt es nicht schwer zu verstehen, warum Kant sein ganzes Leben in dieser Stadt zugebracht und seine wissenschaftliche Tätigkeit ausschließlich mit der Albertina verbunden hat. Die am 17. August 1544 gegründete Universität hatte sich nämlich von Anfang an einer Art aufgeklärten Humanitas verpflichtet. Aus dem Gründungsdokument ist auch die Aufforderung zur Weltoffenheit zu ersehen, wenn schon damals Studenten auch aus den Nachbarländern für das Studium in Königsberg interessiert wurden. In den Einladungsschreiben, die Herzog Albrecht international versandte: heißt es u. a.:

> ‚Wir hoffen auch, daß unsere Akademie den zahlreichen großen Völkern, die in Ost und West an Preußen grenzen, Nutzen bringen wird; daher haben wir auch zum Nutzen der benachbarten Völker Gelehrte und bedeutende Männer nach Königsberg gezogen.‘[32])

Neben Humanitas stand stets der Grundsatz der Freiheit. Landadel und Kaufmannsfamilien haben durch Sach- und Geldspenden ihr besonderes Interesse für die aufblühende Universität bekundet. Die erste 100-Jahr-Feier konnte trotz der durch den 30jährigen Krieg verursachten Kriegsgreuel und des Elends im mitteldeutschen Raum hiervon unberührt mit allem barocken Pomp und Prunk gefeiert werden. Die vom Krieg verschonte Universität war nach den Maßstäben der damaligen Zeit überfüllt, mit allen Unzulänglichkeiten, die sich für den Lehrkörper und für die Studenten daraus ergeben – wie auch unsere heutigen Erfahrungen gelehrt haben. Ganz anders war die Situation der Universität zu Zeiten Kants.

Es stand nicht zum Besten mit der Universität. Die Professoren waren erheblicher Kritik ausgesetzt, weil sie ihre Vorle-

---

[32]) vgl. Walter Hubatsch, Die Albertus Universität zu Königsberg/Preußen in Bildern, Würzburg 1966, S. 11f.

sungen nicht wie vorgeschrieben im bezeichneten Semester zum Abschluß brachten. Besonders in der theologischen Fakultät und bei den Juristen wurde die nachlässige Handhabung der Vorlesungen moniert. ‚Die Professoren sind unfleißig', hieß es ganz allgemein. Kaum einer der Ordinarien las mehr als vier Stunden. Sie beschäftigten sich eben mehr mit der Abfassung von für sie lukrativen Gutachten. Die Professoren waren also offensichtlich mehr an ihren höchst persönlichen Geschäften interessiert, die sie den Pflichten ihres Lehramtes gegenüber vorzuziehen geneigt waren. Sie wollten dies als Folge einer relativ schlechten Bezahlung verstanden wissen. Die Regierung in Berlin indessen ließ dieses Argument nicht als Entschuldigung gelten und erklärte wörtlich, daß es demjenigen, der für das gebotene Gehalt seine Obliegenheiten nicht erfüllen wolle, ‚täglich um seine Demission zu bitten, frey steht.' Andererseits sind aber auch die damaligen Studenten vielfach nicht so dem wissenschaftlichen Lerneifer zugetan, wie man das ansonsten auf den Universitäten gewohnt war – das Engagement am Studium war vielmehr in erster Linie ausgerichtet am Interesse auf möglichst einfache und schnelle Art in irgendein Amt zu kommen – eine Beobachtung übrigens, die man auch heute in unserer Zeit vielerorts an den Universitäten machen kann.

In solch unerfreulicher Situation hat sich der von der Regierung eingesetzte Großkanzler von Fürst in einem Brief vom 5. November 1768 verärgert an den preußischen Kanzler von Korff gewandt mit dem Petitum, die Universität möchte doch endlich wieder emporgebracht werden und Korff solle alle Gebrechen untersuchen. Ein neuer Vorlesungsplan sei zu entwerfen und Korff solle sich bei der Ausarbeitung der Entwürfe des Professors für Mathematik Reccard und des Magisters Immanuel Kant bedienen. ‚Das sind zwei Männer', so schreibt von Fürst, ‚die schon, so jung sie sind, in der ganzen Gelehrtenwelt sich einen großen Ruhm mit Recht erwarben, daß ich mich fast schämen muß, sie noch nicht besser versorgt zu haben.' Kant – obwohl noch nicht Professor – wird in eine Funktion empfohlen, die die Erneuerung der Universität bewerkstelligen soll; und Kant ist zugleich das Musterbeispiel für die bürokratische Unfähigkeit, einen tüchtigen Mann als Dozenten an der Albertina unterzubringen. Nach Fürst's und auch besonders Korff's Überzeugung sollten Professoren ausschließlich nach Talent und Fähigkeit berufen und befördert werden. Um derartige Vorstellungen in die Tat umzusetzen, ergab sich alsbald im Februar 1770 als Folge des Todes des Mathematikers Langhausen eine günstige Gelegenheit. Nachdem Reccard die Professur als Langhausens Nachfolger abgelehnt hatte, weil er es vorzog, Pfarrer zu bleiben, kamen sogleich Kant und Reusch für neue Berufungen in Betracht. Korff schlug damals vor, Reusch die Mathematik zu überlassen und Kant die Philosophie zu übertragen, damit, wie er wörtlich argumentierte, ‚er in sein rechtes Fach gesetzt werde'. Nachdem Kant einen Ruf nach Erlangen ausgeschlagen hatte, wurde er am 31. März 1770 zum ordentlichen Professor ernannt. Im gleichen Jahre verlangte von Fürst eine kollegialische, aber zugleich uneigennützige Beratung innerhalb des Lehrkörpers über abzuhaltende Vorlesungen, die in erster Linie den Bedürfnissen der Wissenschaften zu dienen haben. Damit sollten die Studenten zum Selbstdenken erzogen werden. Tatsächlich konnte nur Kant diese Voraussetzungen erfüllen und dafür sorgen, daß die Studenten die notwendige Ordnung in den Wissenschaften einhielten, übermäßig schwierige Vorlesungen nicht zu früh hören und den methodologischen Anweisungen für ihr Studium Folge leisten. Diese Entwicklung der Albertina wurde durch ein Edikt des Ministers von Zedlitz aus dem Jahre 1775 unterstützt, wo es unter anderem heißt, daß

> ‚die Köpfe der Studierenden nicht mit nahrungslosen Subtilitäten verdüstert, sondern aufgeheitert und durch die Philosophie zur Annahme und Anwendung wahrhaft nützlicher Begriffe fähig gemacht werden.'

Das erwähnte Edikt wandte sich auch gegen die Anwendung veralteter Kompendien. Die Professoren – Kant und Reusch ausdrücklich ausgenommen – wurden ermahnt, ihre Grund-

risse mit größerer Einsicht zu wählen und auf veraltete akademische Unterrichtswerke zu verzichten. Man nannte diese Entwicklung den Kampf gegen das Brotstudium. Man sah die Wurzel dieses Übels in dem ungenügenden Gebrauch der philosophischen Vorlesungen durch die Studenten. Er habe zur Folge, daß die jungen Leute die Fachwissenschaften nur ungründlich betreiben und diese am Schluß nur mangelhaft oder überhaupt nicht beherrschen. Nach dem Willen Kants und seiner Kollegen wurde daher 1790 gefordert, daß jeder Student gehalten sein soll, zu Beginn eines jeden Studiums zwei Semester lang philosophische Vorlesungen zu hören und sich darüber durch Zeugnisse auszuweisen. In diesem Rahmen sollte auch ein besonderes Augenmerk auf die Pflege der Pädagogik gerichtet werden. In der Königsberger Philosophischen Fakultät hatte deshalb reihum jeder Ordinarius Vorlesungen über dieses Fach zu halten – auch Kant hat sich dieser Pflicht mit der ihm eigenen Hingabe erfolgreich unterzogen.

So wurde das Jahr 1790 zur bedeutenden Wende in den Bestrebungen, Ordnung in das Studium an der Albertina zu bringen. Sie betrafen in erster Linie die von Kant geprägte Philosophische Fakultät, für deren Fächer den Hörern sehr ins einzelne gehende Studienpläne zur pflichtgemäßen Befolgung zur Verfügung standen. Die Fakultät als ganzes allerdings trägt noch immer gewisse Spuren einer gewissen Zweitrangigkeit gegenüber den übrigen, den oberen Fakultäten. Das wird auch in Kant's ‚Streit der Fakultäten' bestätigt, wenngleich Kant die Lage der Philosophischen Fakultät deshalb als durchaus vorteilhaft sieht, weil sie allein den Interessen der Wissenschaft diene, während die anderen Fakultäten primär den Bedürfnissen des Staates angepaßt seien. Kant meint, die Philosophische Fakultät könne es mit ihren Thesen halten, wie sie es für gut befindet und statuiert wörtlich:

> ‚Die Regierungen aber interessiert das am allermeisten, wodurch sie sich den stärksten und dauernsten Einfluß aufs Volk verschafft, und dergleichen sind die Gegenstände der oberen Fakultäten. Indes, es muß zum gelehr-

ten gemeinen Wesen durchaus auf der Universität noch eine Fakultät geben, die, in Ansehung ihrer Lehre vom Befehl der Regierung unabhängig, keine Befehle zu geben, aber doch alle zu beurteilen, die Freiheit hat.'

Kein Geringerer als insbesondere Wilhelm von Humboldt hat Kant – vor allem auch in der Folgezeit – in dieser seiner Auffassung zugestimmt und ihn bestätigt.

In den vorerwähnten Studienanweisungen von 1790 wurde auffallenderweise der Philosophie auch für die politische Historie eine besondere Rolle zugewiesen, wenn es dort u. a. heißt:

‚Zu der gründlichen Erlernung einer pragmatischen Historie wird erfordert, daß man ein Philosoph sei'

und ferner:

‚Ohne Kenntnis der Historie kann kein Gelehrter eine Gelehrsamkeit erlangen, welche in dem menschlichen Leben wirklich zum Vorteil des Staates ausgeübt werden kann. Eine pragmatische Historie kann man eine Moral, Politik und Philosophie in Exempeln nennen, sie erläutert orgines und causas legum. Eine praktische Gelehrsamkeit ohne Historie ist eine Gelehrsamkeit für eine andere Welt.'

Diese temperamentvolle Lehre, die sich zu guter aufklärerischer Überlieferung bekannte, wurde in der Fakultät auch von Professor Mangelsdorff in erster Linie vertreten."

Meine Ausführungen über diese hochinteressante Entwicklung an der Königsberger Universität kann ich selbstverständlich nicht ohne einen Ausblick auf die juristische Fakultät abschließen. Gestatten Sie mir aber zunächst die Erwähnung eines Vorgangs, der mich als See- und Schiffahrtsjurist schon während meines Studiums in Königsberg besonders beeindruckt hat, weil er die Weitsichtigkeit für Königsberg als Schiffahrts- und Handelsplatz widerspiegelt. Im Jahre 1782 wurde nämlich der Wunsch an die Universität herangetragen, sie möge sich auch der Ausbildung angehender Schiffskapitäne und Steuerleute annehmen.[33] Der schon früher erwähnte preußische Minister Zedlitz fand dieses Petitum für die Albertina interessant und schlug sogleich Kant für dieses Amt vor. Zedlitz hielt Kant als anerkannt guten Lehrer der Universität, dessen Vorlesungshefte in hohem Wert standen, auch für diese besondere Aufgabe geeignet. Indessen, Kant hat dieses Amt nicht übernommen, wohl, weil ihm hierzu kurz nach Erscheinen seiner „Kritik der reinen Vernunft" nicht ausreichend Zeit verblieb. Die Vorlesungen sind tatsächlich von den Professoren Reusch und Schultz gehalten worden. Die juristische Fakultät, die zum Beispiel 1778 nur noch drei Ordinarien hatte, war ebenfalls vernachlässigt, profitierte aber bald davon, daß zahlreiche Kandidaten der Theologie keine ausreichenden Zukunftschancen in geistlichen Ämtern mehr sahen und deshalb zur Rechtswissenschaft überwechselten. Noch herrschte zwar das preußische Gesetzbuch, aber man spürte bereits, daß sich Neues anbahnte. Es war die Vorbereitungszeit des Allgemeinen Landrechts. Mit dem neuen Gesetz wurden aber zugleich auch neue Lehrmethoden propagiert. Philosophie wird auch in diesem Bereich als Basisausbildungsmaxime verlangt – und ebenfalls die Geschichte. Beide – Philosophie und Geschichte – müssen fortan die Grundlagen des Studiums bilden, dessen Hauptziel die Übung der Urteilskraft des Richters allezeit sein muß. Tatsächlich war dieser Grundsatz auch noch zur Zeit meines Studiums nicht nur an der Albertina, sondern an allen deutschen Universitäten lebendig. Die Rechtswissenschaft hat Absichten und Gründe der Gesetze, die sogenannten Gesetzesmaterialien, zu lehren, denn lediglich die Ratio und die Umstände, unter denen ein Gesetz gegeben wurde, können seinen Sinn erschließen und offenlegen. Das neue Allgemeine Landrecht wird deshalb mit Stolz als das Ergebnis der Philosophie und der Aufklärung des damaligen Zeitalters verstanden. Den Studenten der Albertina wurde anknüpfend an die

---

[33] vgl. Götz v. Selle, Geschichte der Albertus-Universität zu Königsberg in Preußen, 2. Aufl. 1956, S. 175 f.

Lehre Kants empfohlen, an das Naturrecht heranzugehen, nachdem sie mit den Mitteln der Philosophie gelernt hatten, gelehrt zu denken. Intensiv wird auf die Bildung der Urteilskraft als den wesentlichen Bestandteil der Ausbildung eingewirkt und darauf hingewiesen, daß mit Auswendiglernen nichts getan sei. In einer entsprechenden preußischen Regierungsverordnung aus dem Jahre 1898 heißt es demnach wie folgt:

„Da es aber von selbst in die Augen leuchtet, daß das Allgemeine Landrecht nicht richtig verstanden, noch angewendet werden kann, wenn nicht der Kopf durch das Studium der Philosophie zum gründlichen Nachdenken gewöhnt, und besonders durch ein wahres philosophisches Naturrecht mit den ersten Begriffen und Grundwahrheiten, worauf jede positive Gesetzgebung und also auch die unsrige beruhet, näher bekanntgeworden ist."

Wieder ist es also die Philosophie, der auch im Bereich der Rechtswissenschaft die reformerische Rolle zugesprochen wird, eine Rolle, deren positive und erfolgreiche Wirkungsbreite entscheidend auf Kant's Einfluß und seine Lehre zurückzuführen sein dürfte. Die Königsberger Albertina hatte wieder Façon bekommen – nach innen und nach außen.

Um 1800 hatten 13 Professoren der Albertina Nebenämter oder mehrere Professuren inne. Man konnte von so stark in Anspruch genommenen Männern allerdings keine übermäßig hohen Leistungen erwarten. Als der preußische Minister von Massow, der selbst ein Schüler der Königsberger Universität war, in den Jahren 1798 und 1802 seine frühere Hochschule besichtigte, stellte er wohl diese Tatsache fest, erklärte aber, daß die Universität in vielerlei Hinsicht einen Ausgleich zu bieten habe. Das waren nach seiner Meinung der Fleiß der Studenten, die pünktliche Abhaltung der Vorlesungen, verbunden mit der rühmlichsten Gewohnheit der Lehrer, die Collegia pünktlich zu halten und sich keine zu weit ausgedehnten Ferien zu erlauben.[34)]

[34)] vgl. Götz v. Selle, a.a.O., S. 194

Von Massow hatte richtig gesehen, als er bemerkte, was der Königsberger Universität stets eigen gewesen war, jenes stille Wirken, das nicht groß von sich reden machte, aber sich doch in einer festen Kette geistiger Überlieferung gebunden sah.[35]

Hier kann ich anschließen an den Ausgangspunkt meiner Darlegungen, nämlich an das von der Philosophie getragene Studium Generale.

Insbesondere die bis zum Ende des Sommersemesters 1944 angebotenen Vorlesungen über Rechts- und Staatsphilosophie sowie die von Professor Kowalewski geleitete Lesegemeinschaft über Kants „Metaphysik der Sitten" läßt mich lebhaft erinnern, wie stark uns junge Studenten damals unter dem Eindruck der immer bedrückender werdenden Lebens- und Umweltverhältnisse die realistische Ansprache vom Katheder der Universität beeindruckt und geformt hat. Wir erkannten: weil das Unvernünftige und Ablehnungswürdige verstandesgemäß zu verwerfen ist, entwickelt sich eigendynamisch der Mut, sich auch hierzu zu bekennen – auch das war und ist ein Bestandteil der reinen Vernunft, wie Kant sie gesehen hat. Gerade diese Erlebnisse machen mich auch rückblickend stolz darauf, ein Student der Albertina gewesen zu sein.

Im Herbst 1944 beschäftigte ich mich mit einem Referat über Montesquieu's „De L'Esprit des Lois" und versuchte eine gedankliche Einordnung zur Lehre Kants und auch Herders. Ich habe seinerzeit der Bibliothek des Staatswissenschaftlichen Instituts der Albertina dieses in Leder gebundene Werk Montesquieu's entliehen und es mit nach Hamburg genommen, nachdem durch die Bombenangriffe auf die Stadt Königsberg Ende August 1944 auch die Universitätsbibliothek vollständig zerstört worden war. Ich freue mich, daß ich gestern Gelegenheit hatte, dieses Buch hier an Ort und Stelle Ihnen, Magnifizenz, zurückzugeben. Ich habe es getan im Bewußtsein des Traditionsgedankens ebenso wie in der Erkenntnis, daß auch die Geschichte philosophischer Ver-

[35] vgl. ders, S. 195

nunft zugänglich ist, denn weshalb sonst hören wir aus aller Welt den Ruf nach Versöhnung und Frieden und nach Freiheit.

Ich freue mich aber auch, daß Sie das letzte Vorlesungsverzeichnis aus dem Sommersemester des Jubiläumsjahres 1944, welches ich Ihnen ebenfalls übergeben konnte, in das historische Archiv der Universität aufnehmen wollen.

Ich möchte diesen Vortrag nicht schließen, ohne einen Ihrer Philosophen aus diesen Tagen zu zitieren, der hier heute zu meiner Freude auch anwesend ist, – ich meine Leonid Stolovič aus Dorpat. Sein mich zutiefst beeindruckendes Gedicht über das Grabmal Kants „Mogila Kanta" beschloß er mit den Worten:

„Von Königsberg bis nach Kaliningrad
– und das mag die Welt überzeugen –
es gibt nur eine Rettung –
den ewigen Frieden."

Im Anschluß an den Vortrag fand eine lebhafte Diskussion statt. Den an mich gerichteten Fragen konnte ich unschwer entnehmen, wie groß das Interesse des Auditoriums war, aus dem Leben und Wirken der Albertina Informationen zu erhalten. Das Verhalten des Auditoriums mir gegenüber, wie auch die Art der an mich gerichteten Fragen war von bemerkenswertem Einfühlungsvermögen und großer Fairneß gekennzeichnet. Das hohe Niveau der Diskussion war beeindruckend.

e. Öffentliche Diskussvionveranstaltung in der Luisenkirche am 14. 10. 1988

Schon beim Eintreffen in Königsberg wurden wir darauf aufmerksam gemacht, daß am 14. Oktober abends in der Luisen-Kirche auf den Hufen eine öffentliche Diskussions-Veranstaltung unter dem Thema:

„Geschichte, Ökologie und Kultur Kaliningrads"

stattfinden würde. In der Stadt wurde mit Plakaten an Litfaß-

säulen und Werbeflächen für die Teilnahme an dieser Veranstaltung geworben[36]. Das Werbeplakat zeigt links oben einen Scherenschnitt von Kant und weist im übrigen darauf hin, daß die Veranstaltung im Rahmen der IV. Kant-Lesung durchgeführt wurde.
Die Luisen-Kirche am Ende der Lawsker Allee kurz vor der Einmündung in die Hufenallee wurde durch die Kriegsereignisse nur geringfügig beschädigt und präsentierte sich somit in alter Schönheit. Sie dient den Sowjets allerdings nicht mehr als Gotteshaus und hat deshalb eine völlig neue und andere innere Gestaltung erhalten. In ihren Mauern spielt heute ein Puppentheater. Für diese Zwecke ist ein Saal entstanden, der Platz für reichlich 500 Menschen bietet. Hier fand die angekündigte Veranstaltung statt. Der Saal war vollständig besetzt, sogar Stehplätze waren eingenommen.
Die Veranstaltung wurde vom Pro-Rektor der Universität, Prof. Dr. Eugeny V. Krasnov, eröffnet, der wiederum uns sehr liebenswürdig als Gäste aus der Bundesrepublik Deutschland begrüßte. Unter dem Beifall des Auditoriums überreichte er meiner Frau einen herrlichen Blumenstrauß.
Die Veranstaltung begann sodann mit einem Lichtbilder-Vortrag über die Geschichte der Stadt von einem Universitätsprofessor. Bilder des Schlosses wechselten mit Darstellungen vom Kneiphof und der Altstadt und natürlich wurden auch Bilder von und aus dem Leben Kants auf die Leinwand geworfen. Dem in russischer Sprache gehaltenen Vortrag konnte ich leider nur sehr bedingt folgen, weil es für meinen Dolmetscher einfach unmöglich war, eine laufende oder gar sinnvolle Übersetzung zu bieten. Erkennbar waren für mich aber zwei Dinge:

a. die Bereitschaft des Vortragenden, das Geschehen vor 1945 als deutsche Geschichte Königsbergs darzustellen und dem Auditorium die geschichtlichen Vorgänge – auch an Hand der Lichtbilder – möglichst plastisch zu vermitteln;

---

36) vgl. den Abdruck des Originalplakats auf dem vorderen Vorsatz

b. das große Interesse des Auditoriums – ja eine Art Begeisterung für das alte Königsberg.

Im Anschluß an diesen geschichtlichen Lichtbildervortrag bat mich der Pro-Rektor, dem Auditorium kurz meine Ansicht zur Aufklärungslehre Kants zu vermitteln und auch meine an anderer Stelle abgegebene Meinung zu wiederholen, daß Kant ganz und gar nicht die Ansicht vertreten hat, alle Menschen seien von Natur aus gleich[37]. Ich habe hierzu aus der bei Gause abgedruckten Erklärung Kants zur Frage „Was ist Aufklärung" referiert und dargelegt, daß jede Veränderung auch Mut und Beharrlichkeit im Aushalten erfordert.

Die einmütige Zustimmung des Auditoriums, das auch sichtbar begeistert darüber war, daß der Pro-Rektor mir die Abgabe dieser Erklärungen ermöglichte, hat mir erneut deutlich gemacht, welch wichtige Rolle die Lehre Kants für die geistig-ideologische Entwicklung und Erneuerung in der Sowjetunion zukommt.

Im Verlaufe der weiteren Diskussion wurde zu meiner persönlichen Überraschung auch offen über die Umbenennung der Stadt und Neubenennung der Universität gesprochen. Einige Studenten forderten, der Stadt den Namen Kants zu verleihen und die Stadt im alten historischen Stil wieder aufzubauen. Als Begründung wurde vorgetragen, daß schon eine andere Stadt (seit 1938) den Namen des ehemaligen Staatsoberhauptes Kalinin trage, nämlich die frühere Stadt Twer an der Wolga, nordwestlich von Moskau. Es sei deshalb unnötig, einer weiteren Stadt den Namen Kalinins zu geben. Der Antrag wurde mit großem Beifall aufgenommen und soll dem Magistrat der Stadt zugeleitet werden. Verbunden wurde der Antrag mit dem Petitum, die Stadt geschichts-

---

37) Die marxistisch-leninistische Ideologie hat offenbar versucht, Kant zugunsten der von ihr vertretenen gegenteiligen Auffassung zu interpretieren; vgl. Grinisin „I. Kant über die Vergangenheit und die Zukunft des Menschen" (Referat in Riga am 27. 10. 1981)

bewußt zu gestalten – es wurde auch deutlich gerügt, daß man die Ruine des Schlosses Anfang der 70er Jahre gesprengt habe. Schließlich wurde auch gefordert, die Universität in „Kant-Universität" umzubenennen. Ähnliche Diskussionen haben auch unter den Kongreßteilnehmern bei anderen Gelegenheiten stattgefunden. Sofern ich um meine Meinung gefragt wurde, habe ich allerdings den Standpunkt vertreten, die Universität als über die Jahrhunderte gewachsene Institution zu verstehen und deshalb die „Albertina" wieder aufleben zu lassen. Bei allem Respekt vor der Persönlichkeit Kants halte ich eine Beibehaltung der Bezeichnung „Albertina" für angemessener und ich bin sicher, daß auch Kant selbst diese Auffassung vertreten haben würde.

Ich habe die Luisen-Kirche bewegten Herzens verlassen, durchdrungen von der Überzeugung, daß die Lehre Kants nicht nur die Geister, sondern auch die Dinge bewegt.

f. Fernseh-Interview von Radio Moskau in Königsberg und Berichte der lokalen Presse

Als Abschluß meines Aufenthaltes in Königsberg fand am 14. Oktober ein von Radio Moskau gewünschtes Fernseh-Interview im Studio Kaliningrad statt. Teilnehmer waren die Herren Prof. Dr. I. S. Narskij, Prof. Dr. L. A. Kalinnikov sowie ich selbst[38]. Mir wurden zwei Fragen zur Beantwortung gestellt:

a. Welche Gefühle bewegen Sie, nachdem Sie nach 44 Jahren wieder hierhergekommen sind?

b. Ist es richtig, daß Kant die Auffassung vertreten hat, alle Menschen seien von Natur aus gleich?

Meine aufgezeichneten Antworten zitiere ich ungekürzt.

1. „Die Reise zurück an den Ort meiner Studien hat mich in der Tat tief bewegt. Die Stadt und seine Menschen sowie auch

---

[38] Das Interview wurde von Radio Moskau weltweit am gleichen Tage ausgestrahlt. Zur Beantwortung der Fragen hatte ich eine Vorbereitungszeit von 15 Minuten

die herrliche sie umgebende Landschaft haben auf mich während meiner Studienzeit einen tiefen Eindruck gemacht und diesen andauernd hinterlassen. Meine Erzählungen im Kreise meiner Familie über Land und Leute Ostpreußens haben bewirkt, daß jetzt meine Frau hier das Gefühl hatte, als wäre sie schon einmal hier gewesen.

Es sind zwei Dinge die mich bewegen: Einmal die Tatsache, daß die alte Innenstadt Königsbergs in dieser totalen Form ein Opfer des Krieges geworden ist. Wir hatten in Hamburg auch etwa 60 % der Stadt verloren, haben sie aber wieder aufgebaut. Ich habe Königsberg am 11. Oktober 1944 nach den großen schweren Luftangriffen verlassen und weiß und wußte deshalb, wie schwer schon damals die Stadt getroffen war. Während meines Aufenthaltes hier in dieser Woche habe ich erfreulicherweise einige Reminiszenzen aus der alten Zeit wiedergesehen – auch habe ich feststellen können, daß in dieser Stadt das Leben pulsiert und daß die hier lebenden Menschen nicht geschichtslos die Zukunft ansteuern. Der zweite Komplex, der mich hier täglich besonders schmerzlich bewegt, ist die nüchterne Tatsache, daß man den alten Freunden, mit denen man herrliche und unvergeßliche, ja, lebensformende Erinnerungen und Erlebnisse gehabt hat, hier nicht mehr begegnen kann. Sie sind vielfach sicherlich gar nicht mehr am Leben – ich muß aber bekennen, daß es herrlich und schön gewesen wäre, hier noch jemanden aus der alten Zeit wiederzusehen. Ich möchte aber diesem traurigen Mangel gegenüberstellen, daß sich die neuen Freunde, die ich hier getroffen habe, redlich bemüht haben, mir durch ihr Verhalten und ihre Gastlichkeit einen Ausgleich zu geben.

Nach einem alten deutschen Wort bietet das Leben drei besonders köstliche Dinge:

alte Bücher
alte Weine und
alte Freunde.

Ich hatte das große Erlebnis, ein altes von mir 1944 ausgeliehenes Buch dem Rektor der Universität zurückzugeben;

alte Weine haben wir noch nicht zusammen getrunken, aber dafür haben wir vielleicht später noch Gelegenheit; alte Freunde sind nicht mehr, aber neue Freunde habe ich gewonnen."

2. „*Ich bin zwar – wie Sie wissen – kein Philosoph. Immerhin habe ich vom Lehrstuhl Immanuel Kants damals in Königsberg Vorlesungen gehört. Im Rahmen des Studium Generale – ich habe das auch schon heute vormittag in der Lesung gesagt – wurden wir Studenten der Jurisprodenz sehr stark in rechtsphilosophischer Hinsicht ausgebildet. Nach den mir vermittelten Kenntnissen ist es ganz klar, daß Kant nie einer Gleichartigkeit oder Gleichwertigkeit der Menschen das Wort geredet hat. Ich meine, daß das auch aus Kants eigenem Verhalten den Menschen seiner Umgebung gegenüber unschwer erkennbar ist, z. B. aus seiner Haltung gegenüber seinem Diener Lampe. Durch sein eigenes Verhalten machte Kant symbolhaft und mit ausgeprägter Lebensweisheit deutlich, daß eben Lampe kein Kant war. Herr Lampe war sein Diener und u. a. auch dazu da, ihn morgens um 5.00 Uhr zu wecken – und Kant ließ sich – wie wir wissen – stets zu dieser Uhrzeit pünktlich wecken, auch wenn er gelegentlich nach späterem Antritt der Nachtruhe einmal länger hätte schlafen mögen; dies aus Sorge davor, daß er nicht mehr auf das zuverlässige und pünktliche Handeln seines Dieners vertrauen könnte, wenn der regelmäßige Wecktermin einmal unbeachtet blieb. Kant fürchtete also, Lampe könnte in Kenntnis seines späteren Schlafengehens von sich aus den Wecktermin verschoben haben, wenn diesbezüglich gelegentlich Ausnahmen praktiziert würden. Kant sieht also in Lampe ein Faktotum, dem er nicht die Urteilskraft für die Dinge zutraut, die seinen Tagesablauf bestimmen. Ich meine, schon an diesem Beispiel wird deutlich, daß Kant die Menschen als unterschiedliche Individuen sieht und eine Gleichartigkeit oder gar Gleichwertigkeit strikt ablehnt."*

Nach Abschluß der IV. Kant-Lesung berichtete auch die lokale Presse über deren Ablauf. Veröffentlichungen erfolgten in der Kaliningrader Prawda, in Kulturzeitungen und in der Wochenzeitung „Der Leuchtturm". Auch die internationale in acht Sprachen und in 140 Ländern monatlich erscheinende sowjetische Zeitung „Moskau News" berichtete in ihrer Dezember-Ausgabe über die Kant-Lesung. Dagegen nahm die Presse in der Bundesrepublik Deutschland – soweit ich feststellen konnte – von der Tagung in Königsberg keine Notiz. Aus der Wochenzeitung „Der Leuchtturm" zitiere ich den Bericht vom 18. Oktober 1988 in freier deutscher Übersetzung:

DER LEUCHTTURM

18. Oktober 1988

Wochenzeitung des Kaliningrader Gebietskomitees der KPdSU für die Unternehmen des Gebietes der fischverarbeitenden Industrie.

Die Kant-Lesungen

In Swetlogorsk (Rauschen) haben in der vergangenen Woche die Kant-Lesungen stattgefunden. Die 4. Lesung war dieses Mal der 200jährigen Wiederkehr von Kants „Kritik der praktischen Vernunft" gewidmet.

An diesen Lesungen haben über 100 Gelehrte aus Moskau, Leningrad, Kiew, Tartu, Minsk und anderen Städten der Sowjetunion teilgenommen sowie ein Gast aus der Bundesrepublik Deutschland.

Der westdeutsche Prof. Dr. Jürgen Lebuhn, ein Absolvent der Königsberger Universität, vermittelte Erinnerungen seiner Universitätsjahre, von den Königsberger Studenten und den Lehrkräften, verbunden mit der ehrfurchtsvollen Erinnerung an Immanuel Kant.

Prof. Dr. Jürgen Lebuhn besuchte auch die Staatliche Universität Kaliningrad und das Museum des hervorragenden deutschen Philosophen. Er bewertete die Ausstellung im Museum sehr hoch.

Am Grab von Immanuel Kant legte der deutsche Professor Blumen nieder.

Gemeinsam mit anderen Gelehrten nahm Prof. Dr. Lebuhn an der Diskussion zu den Themen „Geschichte, Ökologie und Natur Kaliningrads" teil. Die westdeutschen Gäste machten auch eine Besichtigung Kaliningrads.

Die hierüber befindliche Aufnahme zeigt die Gäste im Museum Immanuel Kants.

AUSBLICK

Kant wird auch in Zukunft in Königsberg sein – sein Genius wird mit dazu beitragen, daß die Stadt und auch die Universität wieder eine traditionelle Mittlerrolle zwischen Ost und West einnehmen werden. Alle Zeichen deuten darauf hin, daß der Blick der Stadt wieder mehr nach dem Westen ausgerichtet sein wird.

Für das Jahr 1990 wird bereits die V. Kant-Lesung aus Anlaß der 200. Wiederkehr der Herausgabe von Kants „Kritik der Urteilskraft" vorbereitet und man hofft, einer größeren Anzahl ausländischer Gäste die Teilnahme zu ermöglichen.

Der Rektor der Universität, der als solcher Sitz und Stimme im Magistrat der Stadt hat, erläuterte mir Pläne, nach denen die alte Bahnverbindung von Berlin über Schneidemühl-Dirschau und Elbing wieder in Betrieb genommen werden soll mit dem Ziel, einen durchgängigen Verkehr von Berlin über Königsberg nach Moskau zu schaffen. Auch soll die Grenze zwischen Polen und der UdSSR zum nördlichen Ostpreußen durchlässig werden, damit an bestimmten Stellen Straßenverkehrsgrenzübergänge eingerichtet werden können. Schließlich ist auch an die Einrichtung einer direkten Flugverbindung nach Berlin gedacht.

Ich bin überzeugt: Der Weg nach Königsberg wird kürzer.

Wochenzeitung „Der Leuchtturm"
vom 18. 10. 1988
Der Verfasser im Kant-Museum

Bildunterschriften für die folgenden Bildseiten.

Seite 65: Dieses Foto stammt von einem sowjetischen Soldaten; es zeigt das zerstörte Universitätsgebäude am Paradeplatz nach der Kapitulation am 9. April 1945. Das Reiterdenkmal Friedrich Wilhelms III. von August Kiss aus dem Jahre 1851 erscheint fast unversehrt.

Seiten 66/67: Diese Aufnahmen sind vom Verfasser am 8. Oktober 1944, kurz vor seinem Verlassen Königsbergs gemacht worden. Man erkannt deutlich die schweren Zerstörungen der Stadt, insbesondere auch die des Schlosses und des Doms.

Seite 68: Der Verfasser vor dem erhaltengebliebenen Liebenthalschen Anbau der Universität. Man erkennt deutlich die Fensterpartie der neuen Aula. Auf den Sockeln in der Etage unter der Aula vermißt man die Skulpturen, die offensichtlich abhandengekommen oder zerstört worden sind.

Seite 69: Offizielles Programm der IV. Kant-Lesung vom 12. bis 14. Oktober 1988.

Seite 70 oben: Eröffnungssitzung in Rauschen am 12. Oktober 1988. Am Rednerpult der Prorektor der Universität Prof. Dr. E. Krasnov, sitzend von l. nach r.: Prof. Dr. Kalinnikov, Verfasser, Prof. Dr. Narskij.

Seite 70 unten: Blick von der Honigbrücke auf die Domruine (12. Oktober 1988)

Seite 71 oben: Das Kantgrabmal fotografiert 1942

Seite 71 unten: Blumenniederlegung am Kantgrabmal am 12. Oktober 1988.

Seite 72 oben: Empfang im Rektorat der Universität (Neubau an der Cranzerallee) am 13. Oktober 1988; v. l.: Prof. Dr. Kalinnikov, der Rektor der Universität Prof. Dr. Medwedjew, der Verfasser, der Prorektor Prof. Dr. Krasnov.

Seite 72 unten: Vor der Domruine am 12. Oktober 1988

Калининградский государственный университет
Калининградское отделение Философского общества СССР

ПРИГЛАШЕНИЕ-ПРОГРАММА
IV Кантовских чтений, посвященных 200-летию «Критики практического разума»

12 — 14 октября 1988 г.

Калининград — 1988

1788 - 1988

IMMANUEL KANT
1724-1804

Fritz Gause

Kant und Königsberg*

Ein Buch der Erinnerung an Kants 250. Geburtstag am 22. April 1974

* Unter diesem Titel ist dieser Teil des Buches 1974 im Verlag Gerhard Rautenberg als eigenständiges Buch erschienen. Gegenüber der damaligen Ausgabe ist hier der Textteil unverändert. Lediglich einige Bilder sind fortgelassen worden.

KANTS ABSTAMMUNG

Am 13. Oktober 1797 schreibt Kant an den schwedischen Bischof Jacob Lindblom, der sich für die Abstammung Kants interessierte, sein Großvater sei aus Schottland nach Tilsit eingewandert und habe dort gelebt. Er stützt diese Aussage aber nur auf das Vorhandensein mancher schottischer Namen in Memel und im nördlichen Ostpreußen. Beweise bringt Kant nicht vor; Familienforschung hat er ebenso wenig betrieben, wie sich mit der Geschichte seiner Vaterstadt beschäftigt. Vorländer und andere Kantbiographen haben dies übernommen. Sorgfältige Forschungen von Hans und Gertrud Mortensen haben indes ergeben, daß Kant sich geirrt hat. Er war kurischer Abstammung. Die Forschungen des Ehepaares Mortensen haben folgendes festgestellt.

Der Name Kant (Cant, Kandt u. ä.) kommt zwar in Schottland vor, aber auch in den baltischen Ländern als einheimischer Personen- und Ortsname. Trautmann leitet ihn von kanta = Winkel her. Daß Kant der Erfinder des Kanthakens gewesen sei, ist und bleibt ein Kalauer, aber eine rein etymologische Beziehung könnte bestehen. Der älteste urkundlich nachweisbare Vorfahr des Philosophen ist dessen Urgroßvater Richard Kant. Er war Krugpächter in Ruß und heiratete die Tochter des Krugbesitzers von Heydekrug, Dorothea Lieder oder Liedert. Ein Schicht- und Teilungsvertrag mit den Erben und Blutsverwandten seiner verstorbenen Frau von 1665 liegt vor; aus der Anwesenheit eines Tolken (Dolmetschers) bei den Verhandlungen geht hervor, daß Richard Kant der deutschen Sprache nicht voll mächtig war. Gekommen war er aus Kantweinen im Gebiet Prökuls im nördlichen Memel-

land, das im 16. Jahrhundert von Kurland her neu besiedelt worden war.
Richards Sohn, Hans Kant, wurde Riemermeister und Bürger in Memel. Er hatte zwei Schwestern, die mit Schotten verheiratet waren, und diese Tatsache, daß der Philosoph zwei schottische Großonkel gehabt hat, mag ihn in der Vermutung bestärkt haben, daß er selbst auch schottischer Abstammung sei.
Die Übersiedlung vom Lande in die Stadt, die Einheirat in eine Riemerwerkstatt und auch seine sprachliche Eindeutschung bedeuteten für Hans Kant einen sozialen Aufstieg. Er starb 1715 als angesehener und wohlhabender Bürger.
Dessen jüngerer Sohn Johann Georg, der ebenfalls das Riemerhandwerk erlernt hatte, wanderte aus Memel aus, vielleicht weil sein älterer Bruder die väterliche Werkstatt übernahm, und machte sich in Königsberg seßhaft, wo er am 13. November 1715, dreiunddreißig Jahre alt, die achtzehnjährige Riemerstochter Regina Reuter heiratete.

KANT UND SEINE FAMILIE

Obwohl Kant in seiner Weltanschauung eine ganz andere Richtung nahm als die, in der er erzogen worden war, hat er sich über seine Eltern nie abfällig oder gesellschaftskritisch geäußert. So sagt er zu Borowski: „Nie, auch nicht ein einziges Mal habe ich von meinen Eltern irgend etwas Unanständiges gehört, nie etwas Unwürdiges gesehen.“ Noch als Dreiundsiebzigjähriger schrieb er in einem Briefentwurf, daß „meine beiden Eltern aus dem Handwerksstande in Rechtschaffenheit, sittlicher Anständigkeit und Ordnung musterhaft, ohne ein Vermögen, aber doch auch ohne Schulden zu hinterlassen, mir eine Erziehung gegeben haben, die von der moralischen Seite betrachtet gar nicht besser sein konnte, und für welche ich bei jedesmaliger Erinnerung an dieselbe mich mit dem dankbarsten Gefühle gerührt finde". Selbst für den Pietismus in seinem Elternhaus fand der „kritische" Philosoph anerkennende Worte. Er habe den Eltern Ruhe, Heiterkeit und inneren Frieden gegeben. Die fromme, gemütvolle Mutter scheint dem Knaben näher gestanden zu haben als der aufrechte, ehrliche, aber wohl nicht sonderlich gebildete Vater. Die Mutter ging mit den Kindern gern ins Freie, lehrte sie Heilkräuter kennen und sprach mit ihnen vom Bau des Himmels, soweit sie selbst etwas davon wußte. Kant zu Jachmann: „Ich werde meine Mutter nie vergessen. Sie pflanzte und nährte den ersten Keim des Guten in mir, sie öffnete mein Herz den Eindrücken der Natur; sie weckte und erweiterte meine Begriffe, und ihre Lehren haben einen immerwährenden, heilsamen Einfluß auf mein Leben gehabt."

Zu seinen Geschwistern stand Kant in einem guten, aber keineswegs innigen Verhältnis. Mit seinem elf Jahre jüngeren Bruder Heinrich, der Landpastor in Altrahden in Kurland wurde, hat er einige Briefe in Familienangelegenheiten gewechselt. Seine vier Schwestern, Regina war älter, Anna Luise, Marie Elisabeth und Katharina Barbara waren jünger als er, waren mit Handwerkern verheiratet. Wenn Kant an ihrem Familienleben keinen Anteil nahm, so war nicht sozialer Hochmut der Grund — Kant hat sich seiner Abstammung nie geschämt —, sondern der Umstand, daß der Philosoph ihnen nichts bedeuten konnte. Weder hätte er aus einem Umgang mit ihnen geistigen Gewinn gezogen, noch hätte er ihnen einen Gewinn gebracht.

Von Regina und Anna Luise wissen wir nicht viel. Den beiden andern Schwestern hat Kant den Lebensunterhalt gesichert. Marie Elisabeth, verheiratete und geschiedene Krönert, hat er bis zu ihrem Tode (1796) unterstützt und dann die „Pension" für ihre fünf Kinder auf das Doppelte erhöht. Die jüngste, die Witwe Barbara Theuer, kaufte er in das St.-Georg-Hospital ein. Sie hat Immanuel bis zu seinem Tode gepflegt und ist drei Jahre nach ihm gestorben. Den Kindern seines Bruders Heinrich, der schon 1800 starb, gab er 200 Taler jährlich und hinterließ ihnen die Hälfte seines Vermögens, etwa 20 000 Taler.

Von all dem machte Kant kein Aufsehen. In seiner „Pädagogik" ist zu lesen: „Geistliche fehlen oft darin, daß sie die Werke des Wohltuns als etwas Verdienstliches vorstellen. Ohne daran zu denken, daß wir in Rücksicht auf Gott nie mehr als unsere Schuldigkeit tun können, ist es auch nur unsere Pflicht, den Armen Gutes zu tun. Denn die Ungleichheit des Wohlstandes der Menschen kommt doch nur von gelegentlichen Umständen her. Besitze ich also ein Vermögen, so habe ich es auch nur dem Ergreifen dieser Umstände zu danken, und die Rücksicht auf das Ganze bleibt doch immer dieselbe." Wir mögen heute bezweifeln, ob die Ungleichheit des Wohlstandes immer nur von den „gelegentlichen Umständen" abhängt, und meinen, daß Fleiß, Tüchtigkeit und Sparsamkeit auch eine Rolle dabei spielen. Bedeutsam bleibt die Auffassung Kants, daß die Pflicht zum Wohltun moralisch begründet sei. Früher sprach man nicht von Wohltun, sondern von Almosen, und begründete diese Pflicht religiös, als gute Tat vor Gott.

Weil Kant das öffentliche Wohltun verabscheute, gab er Straßenbettlern, die damals überall noch häufig waren, nie etwas. Dagegen gab er viel Geld in die öffentliche Armenkasse und wöchentlich einigen Armen eine feste Summe, die sie bei ihm abholten. So tat er vielen Menschen Gutes, aber man sollte nicht darüber sprechen. Es wäre Kant unangenehm gewesen, wenn sein Ansehen in der Gesellschaft sich auf Wohltun gegründet oder durch Wohltun erhöht hätte.

KANT ALS SCHÜLER DES FRIEDRICHSKOLLEGIUMS

Kant hat achteinhalb Jahre lang, vom 8. bis 16. Lebensjahr, das Königsberger Friedrichskollegium besucht. Den Anfangsunterricht erhielt er nach der Angabe seines Biographen Jachmann auf der Vorstädtischen Hospitalschule, der Schule des St.-Georg-Hospitals in der kneiphöfschen Vorstadt, in deren Nähe sein Elternhaus lag. Für den Wechsel zum Friedrichskolleg war außer der bald erkennbaren Begabung des jungen Immanuel der Geist dieser Schule bestimmend. Der kurfürstliche Holzkämmerer Theodor Gehr, ein tatkräftig frommer Pietist, war schon früh mit Spener und Francke in Verbindung gekommen und hatte 1698 nach dem Vorbild der Franckeschen Stiftungen in Halle eine Privatschule errichtet, der König Friedrich I. zwei Jahre nach seiner Krönung seinen Namen verlieh. Dieses königliche Friedrichskollegium war unter Führung der bedeutendsten ostpreußischen Pietisten bald zur Hochburg des preußischen Pietismus geworden. Es stand an der Spitze der pädagogischen Entwicklung, solange der Pietismus selbst die geistige Entwicklung anführte.

Da Kants Eltern Pietisten waren, lag es nahe, daß sie ihre Söhne auf die berühmte Pietistenschule schickten. Als der junge Immanuel Ostern 1732 zum erstenmal im Schulgebäude am Kollegienplatz auf der Burgfreiheit erschien, war Direktor der Franckeschüler Georg Friedrich Rogall, der sich aber im leidenschaftlichen Kampfe für den Pietismus zerrieb und schon 1733 starb. Ihm folgte der Pommer Franz Albrecht Schultz, der zu den großen Persönlichkeiten des 18. Jahrhunderts gehört. Seinem Rat und seinem Einfluß war es zu verdanken, daß der Riemermeister Kant seinen Sohn Immanuel 1740 auf die Universität schickte. Von allen anderen Lehrern erwähnt Kant nur noch den Lateinlehrer Heydenreich. Im übrigen hat der Philosoph seine Schule nicht in gutem Andenken gehabt. Wenn wir Theodor Gottlieb Hippel glauben wollen, überfiel ihn „Schrecken und Bangigkeit, wenn er an jene Jugendsklaverei zurückdachte". Der Spötter Hippel liebte überspitzte Formulierungen, aber mag Kant sich auch nicht wörtlich so ausgedrückt haben, wie Hippel berichtet, dem Sinne nach hat er schon das Richtige getroffen.

Vom Gipfel der Aufklärungsphilosophie aus konnte Kant in der pietistischen Zucht seiner Schuljahre nur eine Einengung der sich entfaltenden menschlichen Persönlichkeit sehen. Die in überaus häufigen Andachten und Gebetsstunden geregelte Frömmigkeit stieß ihn ab. Diese fromme Zucht war das Werk des Schulinspektors Christian Schiffert, der Rektor in Stolp gewesen und mit seinem Landsmann Schultz 1732 nach Königsberg gekommen war. Der Direktor, durch akademische und staatliche Ämter übermäßig belastet, war mehr Repräsentant als Leiter der Schule. Die Organisation des Unterrichts und den ganzen schulischen Alltag bestimmte mehrere Jahrzehnte lang Schiffert. Er diente seiner Schule mit ganzer Hingabe, aber eben deshalb verschloß er sich allen neuen Entwicklungen und hielt das Friedrichskolleg fast mit Gewalt auf der Stufe des Pietismus fest. Was anfangs der Ruhm der Schule gewesen war, eine Musteranstalt im Sinne Franckes zu sein, wurde zur bösen Nachrede. Man schalt sie eine Pietistenherberge. Ein kluger Junge wie Immanuel wird diese innere Spannung schon gespürt haben. Ausgesprochen hat er sich aber darüber nicht, wie überhaupt über Kants Schulzeit nur wenig bekannt ist.

Kant war wohl großer Gedanken, aber nicht großer Leidenschaften fähig. Eine Sturm- und Drangzeit scheint er nicht erlebt zu haben, eine Auflehnung gegen die Schulzucht lag ihm sicher fern. Er war fleißig und erfüllte seine Schulpflichten gut und ohne Widerspruch, obgleich ihn wohl damals schon das sinnlose Auswendiglernen wenig befriedigt haben mag. Er half sich damit, daß er aus dem Sinnlosen einen Sport — wenn wir dieses Wort, das damals noch nicht zum deutschen Sprachschatz gehörte, schon gebrauchen wollen — machte und mit seinem Schulfreund David Ruhnke in Wettstreit trat, wer längere Stellen aus lateinischen Klassikern auswendig hersagen konnte. Mit diesem Ruhnke, der mit Schiffert 1732 aus Pommern gekommen war, ist Kant sein Leben lang in Verbindung geblieben, obgleich er nach dem Ende der Schulzeit in Wittenberg studierte. Er wurde ein berühmter Professor in Leyden und war der einzige von Kants Mitschülern, der dem Philosophen kongenial war. Mit allen anderen Mitschülern hat Kant später nur lose oder gar keine Verbindung unterhalten, am ehesten noch mit dem Pommern Georg David Kypke, der Professor für orientalische Sprachen an der Albertina und somit Kants Kollege wurde, oder mit dem Arzt Dr. Trummer, den er im Alter gelegentlich konsultierte. Von dem Schicksal der anderen, die mit Kant zugleich in die Schule eingetreten waren, wissen wir wenig. Der Pfarrer Johann Christian Mahraun sei genannt, weil er ein Vorfahr des späteren Hochmeisters des Jungdeutschen Ordens Arthur Mahraun war.

Auch die üblichen Kinderhänseleien gehörten zu seinem Schulalltag. Seine Mitschüler sollen ihn statt Kant Zant gerufen haben nach dem bekannten Speisefisch. Die Richtigkeit dieser Anekdote wird von Vorländer bestritten, da die drei ältesten Kantbiographen sie nicht erwähnen und erst Schubert sie erzählt. Immanuel hat seinen Namen zwar stets mit K geschrieben, aber er träumte davon, mal ein gelehrter Humanist zu werden und sich dann Cantius zu nennen; es gibt im Lateinischen kein K, so daß auch aus Kopernik Copernicus wurde. Darin mag der Ansatz zu dem Spottwort Zant zu sehen sein.

Es ist also im ganzen nicht viel, was wir von Kants Schulzeit zu berichten haben. Wenn er auch als Philosoph der Aufklärung die fromme Zucht des Pietismus verwarf, so hat er doch auf der Schule die Disziplin des Denkens gelernt und die ausharrende Geduld, die er später so meisterlich übte. Der Wahlspruch des Friedrichskollegiums lautete „pietas fundamentum omnium virtutum“. Wenn wir das Wort pietas nicht mit Frömmigkeit in pietistischem Sinne übersetzen, sondern, was ebenso zutrifft, mit Ehrfurcht, so hat sich Kant die Ehrfurcht sein Leben lang bewahrt, die Ehrfurcht vor Gott und seiner Schöpfung.

Das berühmte Wort vom gestirnten Himmel über mir und dem moralischen Gesetz in mir hätte er nicht sprechen können, wenn er nicht die Ehrfurcht als Erbe des Elternhauses und der Schulzucht in sein Leben mitgenommen hätte.

KANT UND DIE UNIVERSITÄT

Kant war $16^1/_2$ Jahre alt, als er sich am 27. September 1740 an der Universität seiner Vaterstadt immatrikulieren ließ. Da der damalige Rektor, der Orientalist Johann Bernhard Hahn, in der Matrikel nicht vermerkt hat, in welche Fakultät sich Kant hat aufnehmen lassen, ist ein Streit darüber entstanden. Es ist möglich, daß Kant sich, einem Wunsche seines Vaters und vielleicht auch seiner Lehrer folgend, für die theologische Fakultät entschieden hat, doch folgt daraus noch nicht, daß er Theologie zu studieren begonnen hat. Studiert hat er Naturwissenschaften, Mathematik und Philosophie. Theologische Vorlesungen seines verehrten Albert Schultz hat er gehört, und wenn wir seinem Biographen Borowski glauben wollen, hat er sogar den Versuch gemacht, in einigen Landkirchen zu predigen. Kant hat zwar diese Bemerkung in dem Manuskript, das Borowski ihm vorgelegt hat, gestrichen, aber Borowski wiederholt in einer Anmerkung, das sei wahr und er wisse nicht, warum Kant das nicht wahr haben wolle. Wie dem auch sei, sein Interesse galt den Naturwissenschaften und der Philosophie. In diesen Studien schloß er sich besonders an den nur zehn Jahre älteren Martin Knutzen an. Dessen Vater war als Kaufmann Knudsen aus Dänemark nach Königsberg gekommen. Der Sohn lehrte Philosophie im Sinne des berühmten Christian Wolff und machte seine Schüler auch mit den Werken Newtons bekannt. Kant hat seines Lehrers und der Anregungen, die er von ihm empfangen hat, stets mit besonderer Dankbarkeit gedacht. Von Kants Studentenzeit wissen wir im übrigen wenig. Eine Sturm- und Drangzeit hat der junge Kant sicher nicht durchgemacht, und wir können uns auch nicht vorstellen, daß er jemals so genialisch hätte schreiben können wie der junge Goethe oder gar Schiller in seinen „Räubern". Er war fleißig, wie er es schon auf der Schule gewesen war. Er gewann auch einige Freundschaften, die lebenslang vorhielten, aber von fröhlichen Zusammenkünften wissen wir nichts. Wenn er mit einigen Mitstudenten Kollegniederschriften durcharbeitete, tat er es, wie Borowski sagt, „um des Gelderwerbs willen". Sein Geldbeutel war schmal, da der Vater immer mehr verarmte. Vermutlich hat ein wohlhabender Oheim, ein Schuhmachermeister Richter, ausgeholfen, so daß der Student nicht zu hungern brauchte. Kant schloß seine Studien 1746 ab, wie damals üblich, ohne Examen, doch reichte er dem Dekan der Philosophischen Fakultät seine erste Arbeit ein: „Gedanken von der wahren Schätzung der lebendigen Kräfte." Sie konnte erst 1749 erscheinen, indem er, der erwähnte Oheim Richter, einen Teil der Druckkosten übernahm.

In den Hauslehrerjahren mag Kant einige pädagogische Erfahrungen gesammelt haben. In der Hauptsache bereitete er sich aber auf seine akademische Laufbahn vor, und dazu gehörte auch, daß er sich die Umgangsformen aneignete, mit denen er in jeder Gesellschaft bestehen konnte. Das heißt nicht, daß er sich die Lebensart der sogenannten Guten Gesellschaft zum Vorbild genommen hätte, vielmehr gewann er in diesen Jahren die innere

Sicherheit. Er wußte, welchen Platz er im geistigen Leben Preußens einnehmen wollte, und war dessen gewiß, daß er ihn auch einnehmen werde.

Am 12. Juni 1755 promovierte Kant mit einer Schrift über das Feuer (de igne) zum Magister, und am 27. September wurde er mit der Abhandlung über die Prinzipien der metaphysischen Erkenntnis als Privatdozent zugelassen. Das Wort Privatdozent war damals noch nicht üblich. Kant nannte sich magister legens. Um die Doktorwürde hat er sich nie bemüht. Daß der junge Magister sich schon eines gewissen Ansehens erfreute, bezeugt Borowski, wenn er sagt: „Es war bei dem Promotionsakt ein seltener Zusammenfluß von hiesigen angesehenen und gelehrten Männern, und bei der lateinischen Rede, die Kant nach der Promotion hielt, legte das ganze Auditorium durch ausgezeichnete Stille und Aufmerksamkeit die Achtung an den Tag, mit der es den angehenden Magister aufnahm." Wenn Borowski weiter berichtet, daß bei der ersten Vorlesung, die Kant im Hörsaal von Kypke hielt, der Raum mit „einer fast unglaublichen Menge von Studenten angefüllt" gewesen sei, so sind bei dieser Angabe die Maßstäbe der damaligen Zeit anzulegen. Nach einer Erhebung über den Vorlesungsbesuch durch die Regierung, deren Akten erhalten geblieben sind, hatte Kant bei seinem ersten Kolleg 17 Hörer, davon waren 7 Schlesier. Später stieg die Zahl der Hörer auf 100, also etwa ein Drittel der damaligen Studentenschaft. Unter ihnen befanden sich Nicht-Studenten, Offiziere und Fremde, die den berühmten Mann einmal gehört haben wollten, so 1777 Moses Mendelssohn.

Auch als Dozent war Kant fleißig. Seine Hauptkollegs gingen über Logik und Metaphysik. Er las aber auch viele

Jahre lang über Geographie, Anthropologie und Pädagogik, meist in den Morgenstunden von 7 bis 9 Uhr, auch im Winter.

Obwohl Kant schon als Privatdozent ein anerkannter Gelehrter war, mußte er 15 Jahre lang auf eine Professur warten. Die Stelle von Knutzen, um die er sich bewarb, war nur eine außerordentliche Professur gewesen und wurde nach dem Tode Knutzens nicht wieder besetzt. Als er sich um eine Lehrerstelle an der Domschule bemühte, wurde ihm ein anderer Bewerber vorgezogen. Auch seine Bewerbung um den Lehrstuhl für Logik und Metaphysik nach dem Tode Johann David Kypkes (1758) blieb ohne Erfolg. Den Lehrstuhl erhielt der nur zwei Jahre ältere Johann Friedrich Buck. Dafür bot man Kant 1764 die Professur für Beredsamkeit und Dichtung an, doch lehnte er sie als nicht für ihn geeignet ab.

Die Einnahmen eines Privatdozenten bestanden nur aus Kolleggeldern und Honoraren für Publikationen. Sie waren unsicher und schwankend. Deshalb bewarb sich Kant um die Stelle eines Unterbibliothekars an der Schloßbibliothek und erhielt sie. Von 1766 bis 1772 hat er sie mit der ihm eigenen Sorgfalt verwaltet. Die Verhältnisse der Bibliothek waren jämmerlich, allerdings nicht schlechter als an anderen Universitäten damals. Untergebracht in zwei unheizbaren Räumen im Obergeschoß des Südflügels des Schlosses, neben dem Turm, war die Bücherei zwar den Studenten zugänglich, doch nur am Mittwoch und Sonnabend jeweils von 1 bis 4 Uhr, und das auch nur im Sommer. Im Winter war sie geschlossen. Ausgeliehen wurden die Bücher nicht; die Studenten mußten sie an Ort und Stelle einsehen. Der Oberbibliothekar war alt und bequem und überließ die meiste

Arbeit dem Subbibliothekar. Handschriftliches ist aus dieser Zeit von Kant nicht erhalten, da die Kataloge später neu geschrieben wurden.

Berufungen nach Erlangen und Jena lehnte Kant ab; er wollte seine preußische Heimat nicht verlassen. Erst als Buck 1770 seine Professur mit der für Mathematik tauschte, erhielt Kant den Lehrstuhl für Logik und Metaphysik. Er war 46 Jahre alt. Diese Verlangsamung der akademischen Laufbahn ist nicht darauf zurückzuführen, daß man Kants Bedeutung nicht erkannt oder Kollegenneid ihm das Vorwärtskommen erschwert hätte. Man ging nach dem Dienstrang und dem Alter, und Kant war viel zu vornehm, persönliche Beziehungen für seine Karriere einzusetzen. Am 21. August 1770 trat Kant mit einer lateinischen Abhandlung über „Die Form und die Prinzipien der Sinnen- und Verstandeswelt" die Professur an. Für die Disputation im großen Hörsaal bestellte er seinen Schüler, den 23jährigen Marcus Herz, als Korrespondenten.

Kant hat den Lehrstuhl bis zu seinem Tode, 34 Jahre lang, inne gehabt. Der ihm sehr wohlgesonnene Minister v. Zedlitz wollte ihn nach Halle holen, an die vornehmste preußische Universität, doch Kant lehnte ab, wie er schon vorher abgelehnt hatte, das Rektorat der 1775 gegründeten academia Petrina in Mitau zu übernehmen, obwohl ihm ein viel höheres Gehalt geboten wurde, als er es in Königsberg bezog.

Kant ist mehrmals Dekan seiner Fakultät und zweimal Rektor der Albertina gewesen. Seine Amtspflichten hat er erfüllt, aber Freude haben sie ihm nicht gemacht. Rektor war er 1786 und 1788. In beiden Jahren hatte er die Königsgeburtstagsfeier vorzubereiten und zu leiten.

Die Festrede hielt der Professor der Eloquenz, aber der Rektor hatte die Teilnehmer zu begrüßen und die Dankesworte am Schluß zu sprechen. Diese Ansprachen wurden ihm sauer, wie zahlreiche Korrekturen in einem zufällig erhalten gebliebenen Manuskript erkennen lassen. In sein erstes Rektorat fielen auch die Trauerfeier für den Tod Friedrichs des Großen und die Huldigung für seinen Nachfolger. Zur Huldigung am 19. September 1786 wurde Kant mit einigen Mitgliedern des Senats ins Schloß beschieden. Der König Friedrich Wilhelm II. und sein Minister Graf Hertzberg, mit Kant fast gleichaltrig, erwiesen dem berühmt gewordenen Philosophen manche Aufmerksamkeit. Am Gottesdienst im Dom am 21. September nahm Kant nicht teil. Er entschuldigte sich wegen Unpäßlichkeit und bat seinen Amtsvorgänger im Rektorat, ihn zu vertreten.
Seine Vorlesungen hat Kant pünktlich gehalten und keine einzige versäumt. Erst im Sommersemester 1796 stellte er sie wegen zunehmender Altersschwäche ein. Sein Lehrstuhl wurde aber erst 1805, also nach seinem Tode, wieder besetzt.

KANT UND SEINE SCHÜLER

Zu vielen seiner Schüler stand Kant in persönlichem, freundschaftlichem Verhältnis. In Pension nehmen, wie es viele Professoren damals taten, konnte er sie nicht; sein Haushalt ließ das nicht zu. Aber er unterhielt sich mit ihnen außerhalb der Kollegstunden, ließ sich auf Spaziergängen begleiten und empfing sie in seiner Wohnung. Wen er für würdig befand, den unterstützte er mit der Beschaffung von Stipendien, Freitischen und Hauslehrerstellen oder gab ihnen Empfehlungsbriefe an befreundete Professoren anderer Universitäten. Eine Philosophenschule hat er nicht begründet und war auch nicht darauf aus, möglichst viele Lehrstühle mit Anhängern seiner Kritischen Philosophie zu besetzen, aber er hat so manchem seiner Hörer nicht nur ein sittliches Fundament für sein späteres Leben gegeben, sondern ihm auch den Lebensweg ebnen können.

Wieweit seine Sorge um das Fortkommen seiner Schüler ging, bezeugt sein Biograph Jachmann an einem Einzelfall, leider ohne den Namen des Betreffenden zu nennen. Kant hatte einen jungen Mann, mit dem er sich viel unterhalten hatte, einem befreundeten Regimentskommandeur für die Stelle eines Feldpredigers (Militärpfarrers) empfohlen. „Wenige Tage vor der Probepredigt ließ er den Kandidaten zu einer ungewöhnlichen Morgenstunde zu sich bitten und leitete ein Gespräch über den Probetext ein, nach dem er sich erkundigt hatte. Aus Liebe zu seinem Freunde hatte sich der tiefe Denker in ein ganz neues Feld gemacht und sich die Mühe gegeben, eine förmliche Disposition zu einer Predigt in Gedanken zu entwerfen, über welche er mit ihm sprach und wobei er viele fruchtbare Gedanken äußerte. Am Tage der Predigt hatte er einen anderen Freund mit dem Auftrage in die Kirche gesandt, ihm am Schlusse der Rede über den Eindruck derselben eiligst Nachricht zu erteilen. Eben diesem Manne hatte er einige Jahre zuvor ganz aus freiem Antriebe ein Stipendium von dem akademischen Senat verschafft. Er kam darüber an dem Tage, als es ihm konferiert worden war, so herzlich froh nach Hause, daß er nicht allein dem Bruder desselben, der den Mittag bei ihm aß, diese Nachricht sogleich mit der größten Freude mitteilte, sondern sogar eine Bouteille Champagner heraufholen ließ, um auf das Wohl seines Günstlings zu trinken und sich ganz dem Gefühl der Freude zu überlassen." So sehr uns das Bild des Studentenvaters Kant beeindruckt, wieweit sich die Examenshilfe mit der damaligen Prüfungsordnung vertrug, sagt Jachmann nicht.

Es seien nun die bekanntesten seiner Schüler kurz vorgestellt.

Zwei Brüder Bock waren Kollegen Kants, Johann Georg, Professor der Poesie, und Friedrich Samuel, Theologe und fruchtbarer Schriftsteller, Verfasser einer „Wirtschaftlichen Naturgeschichte von dem Königreich Ost- und Westpreußen" und der ersten Biographie Herzog Albrechts. Erminia v. Olfers-Batocki hat die Familie und das Königsberg dieser Zeit in einem von ihrer Tochter Hedwig v. Lölhöffel 1968 herausgebrachten Roman „Das Taubenhaus" gewürdigt; in dem Roman kommt auch Kant vor. Ein Neffe der Brüder, Karl Gottlieb *Bock*, war Schüler Kants. Er wurde Kommerz- und Admiralitätsrat und ein sehr geachteter Jurist, Kunstfreund und Bildersammler, befreundet mit Herder und Hippel und auch mit Reichardt, dessen Schwester er heiratete.

Ludwig *Borowski*, Sohn eines Glöckners und Schüler des Friedrichskollegiums, gehörte zu den ältesten Hörern Kants. Er hatte ihm schon bei der Magisterpromotion 1756 als Opponent gegenübergestanden. Als er 1762 Königsberg verließ, riß die Verbindung ab, doch wurde sie nach seiner Rückkehr wieder geknüpft, als Borowski 1782 Pfarrer an der Neuroßgärter Kirche wurde. 1792 schrieb er den Entwurf einer Biographie Kants und schickte ihn ihm zu. Kant hieß ihn mit wenigen Änderungen gut, verbot aber die Veröffentlichung zu seinen Lebzeiten. Sofort nach Kants Tode veröffentlichte Borowski das Manuskript mit dem Zusatz „Von Kant selbst genau revidiert und berichtigt“. Borowskis große Zeit begann erst nach Kants Tode, als er Seelsorger der königlichen Familie bei ihrem Aufenthalt in Königsberg 1808/09 wurde. Im Alter von 89 Jahren erhielt er den Titel eines Erzbischofs — er war der einzige evangelische Erzbischof der Weltgeschichte — und am 90. Geburtstag den Schwarzen Adlerorden mit dem persönlichen Adel.

Hermann *v. Boyen,* der spätere Feldmarschall, Kriegsminister und Organisator der allgemeinen Wehrpflicht in Preußen, hat als Siebzehnjähriger Kants Kolleg gehört und später auch einige Schriften Kants gelesen. Der Kategorische Imperativ wurde ihm zur Richtschnur des Handelns, doch kann man ihn wohl nicht als Kantianer bezeichnen.

Samuel Friedrich *Buck* war ein Sohn von Kants Kollegen Friedrich Johann Buck. Kant empfahl seinen ehemaligen Schüler — er war inzwischen 40 Jahre alt geworden — 1802 für eine Stadtratsstelle in Königsberg. Das Wort des greisen Philosophen wog so schwer, daß Buck die Stelle erhielt. Er hat sich in der Franzosenzeit gut bewährt.

Friedrich Heinrich Johann *v. Farenheid,* ein Mitglied der bekannten Königsberger Familie, hatte seit 1797 bei Kant und wohl noch mehr bei Kraus studiert. Kant empfahl ihn bei Lichtenberg in Göttingen. Farenheid, der Erbe der großen Begüterung Beynuhnen, machte ausgedehnte Studienreisen durch Europa und Nordamerika, förderte die Landwirtschaft, besonders die Pferdezucht; er war der Initiator der Pferderennen in Königsberg.

Ein Lieblingsschüler Kants war Friedrich *Gentz,* der später als rechte Hand Metternichs europäische Berühmtheit erreichen sollte. Sein Vater, der preußische Generalmünzdirektor Johann Friedrich Gentz, hatte 1781 auf einer Dienstreise zur Königsberger Münze Kant besucht und von ihm einen solchen Eindruck empfangen, daß er beschloß, seinen Sohn bei Kant studieren zu lassen. Als dieser, ausgerüstet mit einem Empfehlungsschreiben von Moses Mendelssohn, 1783 nach Königsberg kam, zog Kant den neunzehnjährigen gewandten und geistreichen jungen Mann gern in seinen engeren Verkehrskreis. So lernte Gentz, wie an anderer Stelle erwähnt, Elisabeth Graun-Fischer und Celeste Schwinck kennen. Er trat zu ihnen in ein Verhältnis, wie es nur in dieser Zeit der Empfindsamkeit möglich war. Er wurde der Seelenfreund der Elisabeth und verlobte sich mit Celeste. Als diese Verlobung auseinanderging, verließ Gentz Königsberg, doch blieb die Verbindung mit Kant noch längere Zeit bestehen. Kant empfahl ihm 1789 seinen Schüler Christian Kiesewetter und ließ ihn 1790 die Korrektur der „Kritik der Urteilskraft“, die er dem Berliner Verleger Lagarde gegeben hatte, mitlesen. Damals nannte Gentz noch die Kantische Philosophie seine „alte Pflegemutter“. Dann aber ging er seinen Weg als einflußreichster und gewandtester Publizist der Metternich-Zeit. Einen Kantianer kann man ihn nicht nennen. Dazu war der geschmeidige Literat von dem strengen Systematiker doch zu verschieden.

Ein Kantschüler besonderer Art war Friedrich August *Hahnrieder* aus Lötzen. Immatrikuliert 1783, ging er mit einem Empfehlungsschreiben Kants nach Rußland, trat dort in die Armee ein und wurde Adjutant Suworows in den Türkenkriegen. Aus unbekanntem Grunde war er mehrere Jahre im Gefängnis und studierte dort Kants

Schriften. 1797 zurückgekehrt, sollte er auf Verwendung Kants als Landmesser beschäftigt werden, doch richtete Kant ihm auf seinen Wunsch eine Tischlerwerkstatt in Berlin ein. Einige Jahre stand Hahnrieder mit seinem Wohltäter noch im Briefwechsel.

Ebenso weit, wenn auch in anderer Weise, entfernte sich ein anderer Kantschüler von seinem Meister. Johann Gottfried *Herder* war 1762, also während der russischen Okkupation, als Achtzehnjähriger nach Königsberg gekommen, um Theologie zu studieren. Da er mittellos war, wohnte er im Collegium Fridericianum und unterrichtete auch dort. Außerdem hörte er fleißig Kants Kolleg. Freilich hat er, seiner mehr musischen als logischen Denkweise entsprechend, mehr von Hamann als von Kant empfangen, und als er am 22. November 1764 Königsberg verließ, um nach Riga zu reisen, hat ihn Hamann und nicht Kant bis vor das Roßgärter Tor begleitet. Hamann hat ihn auch später in Mitau und Riga wiedergesehen, Kant nicht mehr. Ein Kantianer ist Herder nicht geworden.

Handwerkersöhne wie Kant waren die Brüder Bernhard und Benjamin *Jachmann.* Ihr Vater war Schuhmacher. Von Benjamin wissen wir nur, daß Kant ihm 1790 Empfehlungsbriefe an zwei berühmte Gelehrte in Göttingen mitgab, die Jachmann aufsuchen wollte, den Anthropologen Johann Friedrich Blumenbach und an Abraham Gotthilf Kästner, den „Nestor aller philosophischen Mathematiker Deutschlands". Jachmann war Mediziner und wurde später der Schwiegersohn Kanters.

Bekannter geworden ist Reinhold Bernhard Jachmann, Theologe und Schulmann, später Leiter des Schulkollegiums der Provinz Ostpreußen. Seine Schrift über die Kantische Religionsphilosophie 1790 leitete Kant selbst mit einem Vorwort ein. Ihn wünschte Kant sich zum Biographen, und so brachte Jachmann noch in Kants Todesjahr seine Schrift heraus: „Kant, geschildert in Briefen an einen Freund."

Der Berliner Küsterssohn Johann Gottfried Carl Christian *Kiesewetter* — eine Verwandtschaft mit den Kiesewetters, die damals Bürgermeister und Stadträte in Königsberg waren, ist nicht festzustellen — hatte 1788/89 an der Albertina Philosophie und Mathematik studiert und war in Kants Freundeskreis getreten, in dem er auch Elisabeth v. Stägemann kennenlernte. Nach Berlin zurückgekehrt, verbreitete er dort Kants Kritische Philosophie. Kant schätzte ihn so hoch, daß er ihm eine Zweitausfertigung seines Porträts von Döbler schenkte. Rosenkranz beurteilt ihn allerdings recht ungünstig, wenn er in seiner Geschichte der Kantischen Philosophie (1840) schreibt: „Als der kanonische Repräsentant der Kantschen Philosophie in Berlin ist Kiesewetter anzusehen, der auch Kants eigene Belehrung in Königsberg genossen hatte. Kiesewetter besaß gerade Capazität genug, um das, was ihm gegeben wurde, unverändert in sich aufzunehmen und, weil dieses Erworbene ihm nicht durch die Reaction eines eigenen Denkens gestört wurde, es auch anderen mit großer Glätte wieder darstellen zu können. Die bornirte Zuversicht, mit welcher solche Naturen das ihnen Überlieferte reproducieren, und das Bedürfnis, das sie haben, nicht für sich zu besitzen, sondern Andern ihre gelernte Weisheit beizubringen, der Docententic, macht sie in ihrer Rolle unschätzbar." So geht es noch eine ganze Seite weiter. Immerhin war der „Modephilosoph des Kantianismus" Lehrer an der unter Scharnhorsts Leitung stehenden Militärakademie, und Clausewitz zählte zu seinen Schülern. Kant hat mit ihm noch lange Briefe in philosophischen und auch in persönlichen Fragen gewechselt — er ließ sich von ihm im Herbst, vor dem Frost, einen Scheffel Teltower Rübchen schicken, die er besonders gern aß.

Christian Jakob *Kraus,* dreißig Jahre jünger als Kant, war wohl der Schüler, der dem Meister am nächsten stand. Die Worte Meister und Lehrling aus dem Sprachgebrauch des Handwerks sind hier angebracht. Kant sorgte sich um den armen, aber begabten Studenten wie ein Meister um seinen Lehrling. Er zog ihn in sein Haus, ließ sich von ihm auf Spaziergängen begleiten und verschaffte ihm eine Erzieherstelle im Keyserlingschen Hause, die überbezahlt wurde und ihm den Lebensunterhalt sicherte. 1782 verhalf er ihm zur Professur für Philosophie und praktische Kameralwissenschaft. Hier hat Kraus eine ausgedehnte Wirksamkeit entfaltet. Seine am englischen Vorbild orientierte Staatstheorie wurde zur Grundlage der Reformen, mit denen seine Schüler nach 1807 Preußen erneuerten. Die Kantische Ethik ist über Kraus in die Reformen eingegangen. Kraus, den Kant das größte Genie nannte, das ihm in seinem Leben vorgekommen sei, ist schon wenige Jahre nach dem Tode seines Meisters, einen Monat nach dem Abzug der Franzosen aus Königsberg, im August 1807 gestorben.

Eine Wechselwirkung mit England läßt auch die Reise erkennen, die der Kantschüler Friedrich August *Nitsch* 1794 mit Unterstützung der Königsberger englischen Freunde Kants nach London unternahm, um dort Vorträge über die Kantische Philosophie zu halten, die stark besucht wurden.

Von besonderer Delikatesse waren die Beziehungen Kants zu seinem Schüler *Plessing.* Friedrich Victor Leberecht

Plessing, ein an Depressionen leidender Melancholiker, war nach wechselvoller Jugend erst als Dreißigjähriger aus seiner sächsischen Heimat nach Königsberg gekommen. Kant gelang es, ihn aus seinem Trübsinn zu lösen und für die Philosophie zu gewinnen. Nach fünfjährigem Studium promovierte Plessing zum Magister, freilich in Abwesenheit, denn der Prüfling hatte die Stadt kurz vor der Promotion fluchtartig verlassen, da er befürchtete, wegen einer Alimentationsklage vor Gericht gestellt zu werden. Kant, der damals Dekan der Fakultät war, setzte es durch, daß Plessing in absentia zum Magister promoviert wurde, und vermittelte ihm sogar ein beträchtliches Darlehen zur Bezahlung der Alimente, zu dem er 30 Taler aus eigenem Vermögen zugab. Plessing hat diese persönliche Schuld nach neun Jahren, als er Professor der Philosophie an der Universität Duisburg geworden war, zurückgezahlt. Die Kantische Philosophie schätzte er hoch, doch ging er als Philosoph eigene Wege.

Der Kantschüler Johann Friedrich *Reichardt* ist in dem Kapitel „Kant und die Musik" erwähnt.

Wenden wir uns zum Schluß zwei Kantschülern aus der Königsberger Pfarrerschaft zu. Wenn man bedenkt, wie wenig Kant von den Formen kirchlicher Frömmigkeit hielt, ist es erstaunlich, wieviel Theologen er zu seinen Freunden zählte, wie unbefangen er mit ihnen und sie mit ihm verkehrten. Erstaunlich aber wieder auch nicht, da auch viele Theologen zugleich Philosophen und Mathematiker waren. Im Erscheinungsjahr von Lessings „Nathan" (1779) ersetzte die reformierte Königsberger Burgschule die Losung „Jeder ein theologus" durch die „Jeder ein philosophus", und die kneiphöfsche Schule verkaufte aus der Schulbibliothek theologische Werke, um sich aus dem

Erlös eine Elektrisiermaschine anzuschaffen. Es war auch ein Zeichen der Zeit, daß ein reformierter Pfarrer in der Dreikronenloge über „die notwendige Gleichgültigkeit gegenüber Religionsformen und die Vernachlässigung der moralischen Ausbildung trotz der Fortschritte der Kultur“ sprach. Wenn die lutherischen Geistlichen auch nicht so „progressiv“ waren wie ihre reformierten Amtsbrüder, konnten doch auch sie sich dem Geist der Zeit nicht entziehen.

Der Kantfreund Johann *Schulz* wurde 1776 Hofprediger und übernahm 1787 eine Professur für Mathematik an der Universität. Sein Hauptverdienst war die Erläuterung und Verbreitung der Kritischen Philosophie. Die Argumente der Gegner und seine eigene Verteidigung faßte er 1789/92 in einem zweibändigen Werk zusammen unter dem Titel „Prüfung der Kantischen Kritik der reinen Vernunft“. Kant schätzte ihn sehr und nannte ihn „den besten philosophischen Kopf, den ich in dieser Gegend kenne“.

Nicht Kants Hörer, aber sein Sekretär in den letzten Lebensjahren war Christoph *Wasianski*, Pfarrer an der Tragheimer Kirche. Er verwaltete Kants Vermögen und besorgte seinen Haushalt und wurde deshalb der zuverlässige Autor seiner Schrift „Kant in seinen letzten Lebensjahren“. Mit Kant teilte er dessen physikalischen Interessen bei der Konstruktion eines Bogenflügels. Er starb in demselben Jahre wie der andere Kant-Biograph, sein Neuroßgärter Amtsbruder Borowski, 1831.

Auch zu Johann Gottlieb *Fichte* stand Kant in gewisser Weise wie ein Lehrer zu seinem Schüler. Zwar hatte Fichte nie Kants Kolleg gehört, ihn noch nie gesehen, bis er ihn 1791 in Königsberg besuchte, aber er hatte Kants „Kritik der Urteilskraft", die gerade (1790) erschienen war, gelesen und danach einen „Versuch einer Kritik aller Offenbarung" geschrieben. Mit diesem Manuskript kam er zu Kant und bat ihn, ihm einen Verleger zu vermitteln. Kant las nur den Anfang, fand es aber bis dahin „gut gearbeitet und der gegenwärtigen Stimmung zur Untersuchung der Religionssachen wohl angemessen". Er wollte dem „brotlosen jungen Mann" helfen und schickte es an Borowski, und dieser gewann daraufhin Hartung als Verleger. Fichtes Schrift erschien 1792 ohne Angabe des Autors und des Druckortes. Da alle Welt Kant als Verfasser vermutete, erregte die Schrift Aufsehen, und als Kant Fichte als Autor nannte, machte er den Dreißigjährigen damit erst recht bekannt. Fichte ging bald eigene Wege, so daß Kant 1799 seine „Wissenschaftslehre" öffentlich als ein „gänzlich unhaltbares System" bezeichnete.

Es sei angefügt, daß Fichte ein halbes Jahr seines unruhigen Lebens 1807 in Königsberg verbrachte. Beziehungen zu Kant bestanden nur noch darin, daß er bei dem Professor Ludwig Pörschke wohnte, der ein Tischgenosse Kants und dessen Testamentsvollstrecker gewesen war. Der Hitzkopf Fichte war schon in Jena mit den Studenten aneinander geraten; sie hatten ihm die Fenster eingeworfen. In Königsberg geschah dasselbe, nur mit dem Unterschied, daß in dem Zimmer, dessen Fenster die Studenten einwarfen, nicht Fichte schlief, sondern Frau Pörschke.

KANT UND DIE NATURWISSENSCHAFTEN

Das Jahrhundert der Kritischen Philosophie war ein Jahrhundert der Naturwissenschaften, der großen Entdeckungen im Reich der Mathematik, Astronomie und Physik, ausgehend von Isaac Newton; er starb 1727, also drei Jahre nach Kants Geburt. Man studierte die Naturkräfte, entdeckte die Elektrizität und betrat Neuland in der Chemie. Kant selbst war kein Naturforscher, aber er hat sich für die Fortschritte auf allen Gebieten lebhaft interessiert und sie philosophisch durchdrungen und eingeordnet.

Kant hat Mathematik studiert, wie sein Lehrer Knutzen Philosoph und Mathematiker zugleich war. Angewandte Mathematik war die Fortifikationslehre, die Kant jungen Offizieren vortrug. Noch in hohem Alter beschäftigte er sich mit Quadratwurzeln (1790 in einem Brief an August Wilhelm Rehberg), doch ging es ihm nicht um die rechnerische Lösung, sondern, wieweit Wurzelzahlen vorgestellt werden könnten, also um die Grenze der menschlichen Einbildungskraft.

Nicht weniger als 47 Semester hat Kant Physische Geographie gelesen und dadurch, gleichzeitig mit dem gleichaltrigen Göttinger Professor Johann Christoph Gatterer, die Erdkunde aus dem Stand der Reiseberichte in den Rang einer akademischen Wissenschaft erhoben. Die Kenntnisse fremder Länder gewann er nur aus dem Studium von Büchern, doch kannte er die damalige Literatur recht gut. Es wäre billig, darüber zu spotten, daß er deren Irrtümer teilte. Seine Physische Geographie, 1802 von seinem Schüler Rink aus Niederschriften herausgegeben, ist gerade deshalb auch heute noch ein interessantes Buch, weil es den Kenntnisstand des 18. Jahrhunderts zeigt. Auch in der Geographie ging es dem Philosophen nicht so sehr um Einzelheiten, sondern um deren Einordnung. „Geographie läßt sich nur planmäßig betreiben“, und

„Nichts bildet den gesunden Verstand mehr als die Geographie", waren Aussprüche, die uns K. G. Schelle, der 1807 die Physische Geographie in zwei Bänden herausgab, überliefert hat.

Wir können uns dem Urteil Schmithüsens anschließen (Josef Schmithüsen, Geschichte der Geographie, 1970): „Zur Theorie der Geographie ist zu dieser Zeit kaum Tiefergreifendes und Konkreteres geschrieben worden. In dieser Hinsicht war Kant zweifellos der fortschrittlichste Geograph."

Nach Jachmann hat Kant eine Zeitlang das große Naturalienkabinett des Kaufmanns Friedrich Franz Saturgus verwaltet, der der reichste Mann Königsbergs war, bevor er 1783 bankrott machte, und soll dort mineralogische Studien getrieben haben. Wenn das richtig ist, kann es sich nur um eine kurzfristige Beschäftigung gehandelt haben. Ein Mineraloge wie Goethe, der mit dem Gesteinshammer durch das Land zog, ist Kant nicht gewesen.

Ihn interessierte nicht so sehr die einzelne Erscheinung, sondern ihr Ursprung, und bei der Betrachtung der Menschenrassen stellte er die Frage nach dem Ursprung der Menschheit überhaupt. Zu welchen Ergebnissen er gekommen ist, ist nicht so wichtig wie die Tatsache, daß seine Bücher „Von den verschiedenen Racen der Menschen" (1775), „Mutmaßlicher Anfang der Menschengeschichte" (1786), „Anthropologie in pragmatischer Hinsicht" (1798) nicht Gelegenheitsschriften gewesen sind, sondern die Frucht langjähriger Studien.

Früher als nach dem Ursprung des Menschengeschlechts fragte Kant nach dem Ursprung der Erde. Fußend auf den Erkenntnissen Newtons und eigenen Einsichten wagte

Kant schon 1755, als 31jähriger Magister, den großen Wurf „Allgemeine Naturgeschichte und Theorie des Himmels oder Versuch von der Verfassung und dem mechanischen Ursprung des ganzen Weltgebäudes, nach Newtonschen Grundsätzen abgehandelt". Diese Lehre von der Entstehung der Erde und der Himmelskörper ist als Kant-Laplacesche Theorie in die Geschichte der Wissenschaften eingegangen. Astronomische Beobachtungen hat Kant nicht angestellt. Alles, was er schrieb, kam aus der Kraft seines Denkens. Noch im hohen Alter interessierte er sich aber für die Fortschritte der Astronomie, und als Friedrich Wilhelm Herschel 1790 neue Erkenntnisse über die Rotation der Saturnringe vorlegte, zu denen er mit neuen Instrumenten gekommen war, erinnerte Kant in einem Brief vom 2. 9. 1790, daß diese Ergebnisse mit denen übereinstimmten, zu denen er schon vor 35 Jahren gekommen sei. Kant beschäftigte sich auch mit dem Einfluß des Mondes auf die Witterung und mit der Naturkraft des Erdbebens. Über das furchtbare Beben, das am 1. November 1755 Lissabon, damals eine der größten und reichsten Handelsstädte der Welt, vernichtete, schrieb er den bekannten Aufsatz „Naturbeschreibung des merkwürdigsten Erdbebens". Übrigens erschien dieser im Intelligenzblatt, das damals den Titel „Wöchentliche Königsbergische Frag- und Anzeigungsnachrichten" führte. In dieser unter königlicher Protektion stehenden Zeitung mußten auch Professoren der Universität wissenschaftliche Arbeiten veröffentlichen. Auch Knutzen hatte dort sein Werk „Philosophischer Beweis von der Wahrheit der christlichen Religion" in mehreren Fortsetzungen erscheinen lassen, und Kant hat außer der Erdbebenschrift weitere elf Aufsätze dort veröffentlicht.

Mit der Physik ist Kant auf der Schule wohl kaum in Berührung gekommen, doch auf der Universität stand dem Studenten der an sich nicht bedeutende Philosophieprofessor Johann Gottfried Teske nahe, der sich als erster in Königsberg mit der Elektrizität beschäftigte. Die Erforschung dieser geheimnisvollen Kraft und ihre Zähmung für den Dienst am Menschen war ein großes Thema der damaligen Naturwissenschaft überhaupt. Diese Aufgabe lag im wörtlichen wie im übertragenen Sinne in der Luft. Auch Kant interessierte sich für sie und trat zu dem elf Jahre jüngeren Physikprofessor der Universität, Carl Daniel Reusch, in engere Beziehungen, machte ihn zu seinem Tischgenossen und später zu seinem Testamentsvollstrecker. In einer praktischen Frage arbeiteten sie eng zusammen. Das Etatsministerium hatte Reusch zu einem Gutachten über Blitzableiter aufgefordert, und dieser muß sich deshalb mit Kant beraten haben, denn Kant schrieb in einem Brief an Reusch: „Der Ableiter müßte darauf eingerichtet werden, die Wettermaterie von dem Metalle, was sich oben auf dem Turm befindet, abzuleiten." Der erste Königsberger Blitzableiter, der 1784 auf dem Turm der Haberberger Kirche installiert wurde, eine Maßnahme der für den Feuerschutz zuständigen Polizeibehörde, ist also unter Mitwirkung Kants angebracht worden.

Über Reuschs Schwager Karl Gottfried Hagen gewann Kant Einblick in eine Wissenschaft, die noch geheimnisvoller war als die Lehre von der Elektrizität, die Chemie. Sie war damals noch aufs engste mit der Pharmazie verbunden, und so kam es, daß Hagen, Glied einer alten Apothekerfamilie und selbst Inhaber der Königsberger Hofapotheke als Nachfolger seines Vaters, zugleich Professor der Physik an der Universität, das Neuland der

Critik der reinen Vernunft

von

Immanuel Kant

Professor in Königsberg.

Riga,
verlegts Johann Friedrich Hartknoch
1781.

Chemie mit besonderem Erfolg beackerte. Der vielseitige Mann lehrte auch Zoologie und Botanik nach den Erkenntnissen Linnés, hielt die erste Vorlesung über Mineralogie und wurde durch ein Lehrbuch der Apothekerkunst 1778 der Begründer der wissenschaftlichen Pharmazie. Im Jahre 1790 brachte Hagen seine „Grundsätze der Chemie“ heraus, ein Werk, das Kant als ein Meisterstück der Logik bezeichnete. Er hätte dieses Urteil nicht gefällt, wenn er sich nicht für genügend sachverständig gehalten hätte.

Wie weit Kant in die neue Wissenschaft der Chemie eingedrungen war und auch ihr Vokabular beherrschte, beweist eine Äußerung Hagens, die Jachmann überliefert hat. Hagen habe nach einer Tischunterhaltung im Hause Kants erklärt, es sei ihm unbegreiflich, wie man durch bloße Lektüre, ohne Hilfe anschaulicher Experimente die ganze Experimentalchemie so vollkommen wissen könne wie Kant. Sein Verstand hatte die Kraft, das Wesen der Dinge zu erkennen auch ohne eigene Erfahrung und Anschauung. Ob sie allerdings ausgereicht hätte, Schiffskapitäne auszubilden, mag doch bezweifelt werden. Als 1782 an die Universität der Wunsch herangetragen wurde, sie möge auch Kapitäne und Steuerleute ausbilden, hielt der Minister v. Zedlitz Kant als den für diesen Auftrag geeigneten Mann. Es ist dazu nicht gekommen, aber es ist doch bezeichnend dafür, was man dem Philosophen — die „Kritik der reinen Vernunft“ war ein Jahr vorher erschienen — alles zutraute, obwohl Kant nie ein Schiff betreten hat.

Im 18. Jahrhundert hatte man Freude an technischen Spielereien. Man baute allerlei Theatermaschinen, kunstvolle Uhren, Wasserspiele, Musikinstrumente. Auch für solche Dinge hatte Kant Interesse, doch fehlte ihm die Praxis. Er hat, soweit wir sehen, nie ein Werkzeug in der Hand gehabt und verstand wahrscheinlich nicht einmal den sprichwörtlichen Nagel in die Wand zu schlagen.

Für Kants Interesse an technischen Dingen seien einige Beispiele angeführt. Ein sonst nicht bekannter Mann namens Böttcher erfand ein Spinnrad, das angeblich dreimal so viel leistete wie die bisher gebräuchlichen Räder. Kant bat 1787 seinen ehemaligen Hörer David Friedländer, sich der Sache anzunehmen und seine Königsberger Verwandten — die Friedländer waren eine verzweigte angesehene Judenfamilie Königsbergs — für diesen technischen Fortschritt zu interessieren. Die Erfindung scheint jedoch nicht das gehalten zu haben, was der Erfinder sich von ihr versprochen hatte. Weiter wissen wir von dieser Sache nichts.

Ein Goldarbeiter Johann Ludwig Garbrecht baute nebenher Harfen- und Flötenuhren und zusammen mit dem Kantfreund Wasianski zwei Bogenflügel, für die sich auch Kant und Hippel interessierten. Dieser Versuch brachte ebensowenig einen technischen Fortschritt wie Böttchers Spinnrad.

Aus Interesse für die Meteorologie beobachtete Kant sorgfältig Barometer, Thermometer und Hygrometer. In allen Einzelheiten entwarf er einen Apparat zur Messung der „Luftelastizität", den aber niemand bauen konnte.

Wegen seines schwachen Körpers mußte Kant auf seine Gesundheit besonders bedacht sein. Ärzte gehörten zu seinen Freunden, von einem Dr. Trummer an, von dem wir nicht mehr wissen, als daß er einer der wenigen Duzfreunde Kants aus seiner Studentenzeit gewesen ist, bis zu dem Professor Friedrich Elsner, der den Philosophen in seinen letzten Lebensjahren betreute. Kant interessierte sich aber nicht nur für Diagnosen und Medikamente, die seinen eigenen Körper betrafen, sondern für die Fortschritte der medizinischen Wissenschaft überhaupt, von denen damals die zuerst in England geübte Impfung gegen die Pocken im Gespräch war. Eingeführt war sie dort von dem Londoner Arzt George Motherby, einem Bruder des Königsberger Kantfreundes Robert Motherby. Kant gab 1797 dem jungen William Motherby — demselben, den er für das Basedowsche Philanthropin geworben hatte — einen Empfehlungsbrief an den berühmten Hufeland in Berlin mit. Hufeland hatte Kant sein Buch „Die Kunst, das Leben zu verlängern“ (Jena 1797) geschickt. William Motherby studierte und promovierte in Edinburg und gründete 1803 die erste öffentliche Impfanstalt in Königsberg.

Ein anderer berühmter Arzt, der Anatom Samuel Thomas Sömmering, schickte Kant seine in Königsberg bei Nicolovius erschienene Abhandlung „Über das Organ der Seele“. Der damals 40 Jahre alte Sömmering hat Kant, soweit wir wissen, nie gesehen. Um so bemerkenswerter sind die Worte, die er in das Geschenkexemplar einschrieb: „Unserm Kant gewidmet“. Kant bedankte sich in einem Brief vom 10. 8. 1795: Sömmering habe als erster die philosophische Zergliederung des Sichtbaren am Menschen vorgenommen, während er (Kant) „mit der Zergliederung des Unsichtbaren an demselben beschäftigt“ sei. So wird auch in diesem Satz deutlich, was für Kants Verhältnis zu den Naturwissenschaften überhaupt gilt. Dem Weltweisen kam es stets darauf an, die einzelne Erscheinung in das Ganze einzuordnen und ihr in diesem Ganzen den gebührenden Platz zuzuweisen.

KANT UND DIE PÄDAGOGIK

Der Junggeselle Immanuel Kant war ein Freund der Kinder und nahm lebhaften Anteil an den pädagogischen Bestrebungen seiner Zeit. Sein Biograph Borowski schreibt: „Bis zum Entzücken liebenswürdig erschien der große Mann noch in seinem Greisenalter durch sein liebreiches Betragen gegen ganz junge Kinder“, doch galt dieses Wort wohl in erster Linie für sein Verhalten gegen die Kinder seines jungen Freundes Robert Motherby, die er fast wie seine Enkel betrachtete. Seine praktischen Erfahrungen in der Kindererziehung beschränkten sich auf die Jahre, da er Hauslehrer beim Pfarrer Daniel Andersch in Judtschen bei Gumbinnen und dann beim Major Friedrich Bernhard v. Hülsen auf Arnsdorf im Kreis Osterode war, und die scheinen nicht erheblich gewesen zu sein. Die Hofmeisterjahre waren ihm wie vielen andern jungen Männern seiner Zeit nur Durchgang zur akademischen Laufbahn bzw. zu einem Pfarramt. Es gibt in der Kantischen „Pädagogik“ einige Sätze, die auf Konflikte zwischen dem Hofmeister und den Eltern seiner Zöglinge schließen lassen. „Bei der Privaterziehung findet sich der sehr schwierige Umstand, daß die Autorität zwischen den Eltern und den Hofmeistern geteilt ist. Das Kind soll sich nach den Vorschriften der Hofmeister richten und dann auch wieder den Grillen der Eltern folgen. Es ist bei einer solchen Erziehung notwendig, daß die Eltern ihre ganze Autorität an die Hofmeister abtreten.“ Diese Sätze könnten, wie gesagt, auf Erfahrungen zurückgehen, die Kant selbst als Hofmeister gesammelt hat, doch ist von Meinungsverschiedenheiten zwischen dem Hauslehrer Kant und seinen Brotgebern nichts bekannt.

Mit der erwähnten Schrift „Pädagogik" hatte es folgende Bewandtnis. Der Senat der Universität hatte „zur Verbesserung des hiesigen Schulwesens" vorgeschlagen, daß die Professoren der Philosophie über „Praktische Anweisung, Kinder zu erziehen" umschichtig lesen sollten, und die Regierung hatte das 1774 angeordnet. Kant kam 1776, dann wieder 1780 heran. Sein Schüler Theodor Friedrich Rink gab noch zu Kants Lebzeiten (1803) diese Vorlesungen als „Pädagogik" heraus.

Man kann dort lesen, was der Philosoph über die Ernährung der Säuglinge, die Schädlichkeit des Wickelns und des Kinderwiegens, über den Nutzen der Spiele (Blindekuh, Papierdrachen, Kreisel, Schaukeln) doziert hat. Er verbreitet sich auch über die von allen Pädagogen seit Urzeiten diskutierten Begriffe wie Strafen, Lügen, Eitelkeit, Fröhlichkeit, der er einen guten Rang gibt, Sexualität, Arbeit und Spiel, Zwang und Freiheit, Übung des Gedächtnisses, Selbsttätigkeit, Charakterbildung, Moral und Religion. Manches von dem, was er über diese Dinge sagt, sieht man heute anders, manches bleibt gültig, da es zeitlos ist. Interessant ist, was Kant über den Gehorsam sagt. „Zum Charakter eines Kindes, besonders eines Schülers, gehört vor allen Dingen Gehorsam. Dieser ist zwiefach, Gehorsam gegen den absoluten, zweitens aber auch gegen den für vernünftig und gut erkannten Willen eines Führers. Der Gehorsam kann abgeleitet werden aus dem Zwange, dann ist er absolut, oder aus dem Zutrauen, dann ist er von der andern Art. Dieser freiwillige Gehorsam ist sehr wichtig, jener aber auch notwendig, indem er das Kind zur Erfüllung solcher Gesetze vorbereitet, die es künftig als Bürger erfüllen muß, wenn sie ihm auch gleich nicht gefallen." Es versteht sich, daß bei Kant nicht die

Praktiken der Erziehung im Vordergrund stehen, sondern die Prinzipien. Denn „der Charakter besteht in der Fertigkeit, nach Maximen zu handeln.“ Endzweck der Erziehung ist nicht der Staatsbürger, sondern der Weltbürger. „Kinder sollen nicht nur dem gegenwärtigen, sondern dem zukünftig möglichen besseren Zustande des menschlichen Geschlechts, das ist: der Idee der Menschheit und deren ganzer Bestimmung angemessen erzogen werden.“

Dieser Optimismus war im Fortschrittsglauben der Aufklärung begründet. Die Erfahrungen seiner eigenen Schulzeit, die harte Zucht im pietistischen Friedrichskolleg hatte Kant längst hinter sich gelassen. Ihm wie vielen Männern seiner Zeit war Rousseaus „Emile“ Leitbild in allen Fragen der Erziehung. Auf Rousseau gründete sich auch die Reformbewegung des Philanthropinismus, deren Ideale Johann Bernhard Basedow in seinem Dessauer Philanthropin zu verwirklichen suchte. Kant hat weder Dessau noch Basedow jemals kennen gelernt, aber er war begeistert von diesem Erziehungsinstitut, von dem eine Reform aller deutschen Schulen ausgehen sollte. Er glaubte daran, obwohl die Kluft zwischen Idee und Wirklichkeit, auch hier wie so oft, groß war und obwohl das Philanthropin deshalb unter mancherlei Schwankungen nur von 1774 bis 1793 bestanden hat. Es war nach Kant „der Menschheit und also der Teilnehmung jedes Weltbürgers gewidmet“.

Kant hat in seinem Wirkungsbereich eifrig für das Philanthropin geworben, sowohl in zwei Artikeln in den „Königsberger Gelehrten und Politischen Anzeigen“, der Zeitung Kanters, wie auch in Briefen und Gesprächen. Er bezeichnete diese Musterschule des Rationalismus als

„die echte, sowohl der Natur als allen bürgerlichen Zwecken angemessene Erziehungsanstalt“, mit der „eine ganz neue Ordnung der Dinge“ anhebe. Nach diesem Vorbild sollten alle Schulen neu gestaltet werden, und zwar schnell. „Nicht eine langsame Reform, sondern eine schnelle Revolution kann dies bewirken“. Er warb, freilich mit geringem Erfolg, Abonnenten für die von Basedow und Campe herausgegebene Zeitschrift „Pädagogische Unterhandlungen“, bewog den reichen Kommerzienrat Friedrich Reinhold Farenheid, Geld für das Philanthropin zu geben, und veranlaßte seinen jungen Freund Robert Motherby, seine beiden ältesten Söhne zur Erziehung nach Dessau zu schicken. Der Brief, den er deshalb am 28. März 1776 an den Professor Wolcke, den damaligen Leiter des Philanthropins, schrieb, zeigt den Pädagogen Kant als Anhänger Rousseaus. Er schreibt über den sechsjährigen Knaben: „Seine Erziehung ist bisher nur negativ gewesen, die beste, welche man ihm, wie ich glaube, für sein Alter hat geben können. Man hat die Natur und den gesunden Verstand seinen Jahren gemäß sich ohne Zwang entwickeln lassen und nur alles abgehalten, was ihnen und der Gemütsart eine falsche Richtung geben könnte. Er ist frei erzogen, doch ohne beschwerlich zu fallen. Er hat niemals die Härte erfahren und ist immer lenksam in Ansehung gelinder Vorstellungen erhalten worden“.

Kant hätte gern auch die Königsberger Schulen im Sinne der Aufklärung reformiert. Einen Ansatz hoffte er 1777 zu finden, als Joachim Heinrich Campe wegen Streitigkeiten mit Basedow das Philanthropin verließ. Er wollte ihn als Oberhofprediger und Generalsuperintendenten nach Königsberg holen, auf eine Stelle, die, wie Kant ihm schrieb, „den größten Einfluß auf die Verbesserung des Schulwesens im Lande“ gewährleistete, aber Campe versagte sich ihm. Er gründete in Billwerder bei Hamburg eine eigene Schule, später in Braunschweig die bekannte Schulbuchhandlung und wurde ein berühmter Jugendschriftsteller.

Fünf Jahre, nachdem Campe abgelehnt hatte, kam ein anderer Philantropist nach Königsberg, der Sachse und Pfortaschüler Andreas Mangelsdorf. Er hatte einige Jahre am Philanthropin unterrichtet und Basedows „Elementarwerk“ ins Lateinische übersetzt. Als er 1782 die Professur für Geschichte und auch die für Poesie an der Albertina übernahm, kam er nicht direkt aus Dessau, sondern von der Universität Halle, der bedeutendsten und modernsten Hochschule des preußischen Staates. Kant beeilte sich, seinen Kollegen bei einem Mittagessen im Hause des Oberburggrafen Jakob Friedrich von Rohd kennen zu lernen, und half ihm mit „Betten, Tisch- Coffee- etc-Zeug“ aus, bis dessen Sachen auf dem Seewege nach Königsberg kamen. Er wollte Mangelsdorf bewegen, in seinem Hause ein Pensionat zu eröffnen, wie es viele Professoren damals taten, und in ihm seine Erziehungsgrundsätze zu verwirklichen. Er versuchte auch den Kriegs- und Domänenrat Friedrich Wilhelm Farenheid, einen Sohn des oben Erwähnten, dafür zu gewinnen, daß er ein Haus kaufen sollte, in dem ein Schüler Kants ein Privaterziehungsinstitut einrichten sollte. Aus all diesen Plänen ist nichts geworden. Die Notwendigkeit einer Schulreform empfand aber Kant noch in hohem Alter, als er 1793 schrieb: „Das Bedürfnis des Publikums, die Schulen dem Fortrücken in der Cultur des Geschmackvollen angemessener zu machen, wird immer stärker gefühlt". Als einige Jahre nach Kants Tode dann das gesamte Schulwesen Preußens reformiert wurde, war ein neuer Stern am pädagogischen Himmel aufgegangen: Pestalozzi.

KANT UND DIE KÜNSTE

Kant war ein amusischer Mensch. Der Philosoph suchte nach der Gesetzmäßigkeit in den Künsten, aber mit dem Gemüt erfaßte er sie nicht. Sie waren für ihn allenfalls Zerstreuung, aber keine das Leben verschönernde und bereichernde Werte.

Die Leidenschaft seiner Zeit war das Theater. Man unterhielt sich über die Güte einer Aufführung und die Leistungen der Schauspieler ebenso eifrig wie früher über die stadtbekannten Prediger und ihre Gottesdienste. In Königsberg spielte damals die berühmte Truppe von Conrad Ernst Ackermann und seiner Frau Sophie Schröder, und zwar seit 1755 in einem eigenen Hause auf dem Kreytzenplatz — dort wurde später die Altstädtische Kirche erbaut. Im Parkett und in den 15 Logen enthielt es etwa 300 Plätze. Um das Mißtrauen der Geistlichkeit gegen das Theater zu dämpfen, hatte man die Geschlechter nach dem Vorbild der Kirchen getrennt. Im Parkett saßen die Herren, in den Logen die Damen, doch wurde diese Ordnung bald aufgehoben.

Auf Ackermann, der die Stadt vor der Okkupation durch die Russen verließ, folgten die nicht minder berühmten Trupps von Franz Schuch, Vater und Sohn, und Karl Theophil Döbbelin.

Kant hat das Theater gern und oft besucht, meist in der Loge der jungen und schönen Frau Jacobi, der Gattin des

Bankiers. Es ist aber die Frage, ob er wirklich Interesse an der Literatur hatte oder an der Kunst der Schauspieler, ob es nicht mehr die Freude an einem Zusammensein mit vortrefflichen Frauen und Männern der guten Gesellschaft war, die den eleganten Magister ins Theater führte. Wir wissen nicht, welche Theaterstücke Kant gesehen hat, und er hat sich auch nie darüber geäußert.

Die Poesie liebte Kant nach dem Urteil Borowskis sehr, doch hat er, abgesehen von kleinen Reimereien, die wohl nur als Zeugnis seiner Fähigkeit im Umgang mit der deutschen Sprache gedacht waren, keine Gedichte gemacht. Von der Literatur liebte er die ältere, etwa Miltons „Verlorenes Paradies", Pope, Wieland und Haller. Von diesem konnte er noch im Alter ganze Partien auswendig hersagen. Mit der modernen Literatur seiner Zeit hat er sich, soweit wir sehen, nicht beschäftigt.

Dasselbe gilt für sein Verhältnis zur zeitgenössischen Malerei und Bildnerei. Er selbst hat sich nie in diesen Künsten versucht, doch saß er geduldig Modell, wenn es verlangt wurde, nicht nur dem Maler Becker, sondern auch zwei jungen Frauen, die er hoch schätzte; der Gräfin Keyserling und der Elisabeth v. Stägemann. Bilder gesammelt, wie es viele Kunstfreunde, auch Hippel damals taten, hat Kant nicht.

Königsberg ist stets eine „Musikstadt" gewesen. Öffentliche Konzerte gab es zu Kants Zeiten freilich noch nicht, aber in adligen und bürgerlichen Häusern wurde viel musiziert. Auch die Kirchenmusik stand noch in Blüte. Christian Wilhelm Podbielski und Carl Gottlieb Richter waren berühmte Organisten, Pianisten und Komponisten. Man spielte Kantaten, führte Oratorien von Philipp Emanuel Bach auf, Singspiele von Friedrich Ludwig

Benda. Mäzen des Königsberger Musiklebens war der General Herzog Friedrich Karl von Holstein-Beck. Berühmt waren auch die Konzerte in Form von Soireen im Palais Keyserling. An diesem Musikleben nahm Kant keinen Anteil. Er pflegte sogar Abendgesellschaften zu verlassen, ehe die musikalischen Darbietungen begannen. Musik war für Kant allenfalls „unschuldige Sinnenfreude". Seinen Studenten riet er, der Musik „nicht allzu stark zu frönen, da sie die Beschäftigung mit ernsthaften Wissenschaften gefährde". In seiner „Pädagogik" spielt die musische Erziehung keine Rolle, denn „die Geschicklichkeit in der Musik dient nur dazu, uns bei andern beliebt zu machen". Daß der Gesang der Gefangenen in ihrem Gewahrsam im Schloß den Philosophen beim Nachdenken in seinem Studierzimmer störte, so daß er sich deshalb an Hippel wandte, nimmt kaum wunder, denn auch andere werden diesen Gesang nicht als schön empfunden haben. Daß Kant Militärmusik geliebt habe, geht auf den Bericht Wasianskis zurück, daß Kant in seinem letzten Lebensjahre, als er die Wohnung nicht mehr verließ, die Tür zwischen seinem nach dem Garten zu gelegenen Wohnzimmer gegen das Vorderzimmer öffnen ließ, um die Musik der an seinem Hause vorüberziehenden Schloßwache besser zu hören. Man kann daraus aber nicht schließen, daß er sein Leben lang ein Liebhaber der Militärmusik gewesen sei. Selbst hat er nie ein Instrument gespielt, und er hat wohl auch nie ein Lied gesungen, auch als Student nicht. Nur mit einem Musiker hat Kant in Verbindung gestanden, mit Johann Friedrich Reichardt, dem Sohn des Lautenlehrers der Gräfin Keyserling. Der junge Reichardt hat Kants Kolleg besucht. Für die Musik hat er nichts daraus gewonnen, wohl aber, wie er viel später (1790) an Kant schrieb, „Liebe zu eigenem Nachdenken".

Er habe das frühe Glück gewonnen, „die Kunst von Anfang an aus ihrem wahren höheren Gesichtspunkte beachtet zu haben". Freilich gibt er zu, die Vorlesungen manchmal dazu benutzt zu haben, um „unter dem Schutz des großen Burschenhutes manch kleines Lied für ein liebes Mädchen geschrieben" zu haben. Auch wenn wir diese Ablenkung dem musischen jungen Reichardt zugestehen wollen, bleibt doch die Tatsache, daß der Philosoph den Künstler von den sittlichen Grundlagen jeder Kunst überzeugt und den kritischen Sinn in ihm geweckt hat.

KANT UND DIE POLITIK

Kant war kein Politiker im heutigen Sinne des Wortes und konnte es auch nicht sein in einem Staat, da das politische Handeln Sache des Königs und seiner Minister war. Daß er aber das Geschehen seiner Zeit mit kritischer Aufmerksamkeit verfolgte, bezeugt kein Geringerer als Wilhelm v. Humboldt, wenn er in der Vorrede zu seinem 1830 erschienenen „Briefwechsel mit Schiller" über Kant schreibt: „Auch war es ein charakteristischer Zug in ihm, mit allen Fortschritten seines Jahrhunderts fortzugehen, selbst an allen Begebnissen des Tages den lebendigsten Anteil zu nehmen". Kant hat über die „Begebnisse des Tages" viele Gespräche geführt, doch ist leider nichts von ihnen aufgezeichnet worden. Es steht aber fest, daß seine politischen Grundanschauungen sich nicht geändert haben. Kant war ein königlich preußischer Republikaner, das heißt Weltbürger seiner Philosophie, preußischer Untertan seiner Lebensführung nach. Sein Biograph Jachmann urteilt: „Kant hatte einen wahren und echten Weltbürgersinn. So wie sein großer Geist die Natur umfaßte, so umfaßte sein großes Herz die ganze Menschheit. Menschen aus allen Ständen und Nationen interessierten ihn, und ihr Schicksal ging ihm zu Herzen. Es war genug, ein Mensch zu sein, um in ihm einen teilnehmenden Ratgeber und Helfer zu finden".

Als Friedrich der Große die Regierung antrat, bezog Kant die Universität. Diese beiden größten Preußen ihrer Zeit haben sich nie gesehen, nie Briefe miteinander gewechselt. Der Philosoph unter den Königen hat den König der Philosophen nicht beachtet. Der Altersunterschied von zwölf Jahren wäre kein Hindernis gewesen. Sie lebten in verschiedenen Welten. Friedrich hat französisch geschrieben; Kant ist der erste deutsche Philosoph, der seine großen Werke weder französich noch lateinisch, sondern deutsch geschrieben hat.

Der Privatdozent Kant war 34 Jahre alt, als die Russen im Januar 1758 Königsberg besetzten. Sie blieben bis zum März 1763. Weder Kant noch seine Biographen haben von dieser Zeit der Okkupation Aufhebens gemacht. Er hat wie seine Kollegen der Zarin gehuldigt und am 12. 12. 1758 die Bewerbung um eine Professorenstelle an die Zarin mit allen Formeln der Devotion, die damals üblich waren, gerichtet. Darin hat er keinen Landesverrat gesehen, denn die politischen und gesellschaftlichen Verhältnisse der Provinz blieben im großen ganzen, wie sie waren, und wären, wenn Preußen den Krieg verloren hätte, wohl längere Zeit unverändert geblieben, ähnlich wie im benachbarten Kurland. Die Königsberger waren Preußen, aber sie fühlten sich auch dem hansisch-baltischen Kulturkreis von Lübeck bis Reval verbunden, und Riga lag vielen von ihnen näher als Berlin. Kant hat mit russischen Offizieren unbefangen verkehrt und ihnen ein Privatkolleg über Fortifikation gelesen. Russische Sprache und slawisches Volkstum kennenzulernen, war dabei wenig Gelegenheit; die meisten russischen Offiziere waren Deutsche aus den baltischen Ländern, die andern sprachen Französisch.

Kant war also weder ein Kollaborateur noch ein Widerstandskämpfer — diese modernen Begriffe passen nicht in die damalige Zeit. Er hat seine Pflicht getan, und die Rückkehr von der russischen in die preußische Untertanenschaft war reibungslos. Trotzdem scheint Kant, von der Weite des Ostens angeweht, damals sein Leben als eng empfunden zu haben. In einem der merkwürdigsten Briefe, die von seiner Hand stammen, schreibt er am 28. Oktober 1759 seinem Freund Johann Gotthilf Lindner, der damals Rektor der Domschule in Riga war: „Ich meines Teils sitze täglich vor dem Amboß meines Lehrstuhls und führe den schweren Hammer sich selbst ähnlicher Vorlesungen in einerlei Takte fort. Bisweilen reizt mich irgendwo eine Neigung edlerer Art, mich über diese enge Sphäre etwas auszudehnen". Die Disziplin des Denkens half Kant über diese unbestimmte Sehnsucht hinweg. Wenn Kant sich auch keine Gedanken über eine „Ostpolitik" gemacht hat, so gewann er doch als Zeitgenosse des Siebenjährigen Krieges und der polnischen Teilungen bestimmte Einsichten. Kurt Forstreuter schreibt über „Kant und die Völker Osteuropas":

„Das Urteil Kants über die Polen und Russen ist bestimmt durch seinen Freiheitsbegriff. Unter diesem Gesichtspunkt konnte weder die Anarchie des polnischen

Adels noch die Despotie und Willkür des russischen Absolutismus ihm sympathisch sein. Kant war hingestellt in das Zeitalter der Aufklärung, das in Preußen das Zeitalter Friedrichs des Großen ist, er genoß die verhältnismäßige geistige Freiheit dieses Zeitalters. Die fehlerhafte, zum Untergang führende Verfassung des alten Polen hat er richtig gesehen. Er hat die Teilung Polens trotzdem verurteilt und, in seinem Nachwort zum Litauischen Wörterbuch, das Lebensrecht des polnischen Volkes auch innerhalb des preußischen Staates ausdrücklich anerkannt. Was Rußland angeht, so hat Kant in seiner Anthropologie sich des Urteils enthalten. Er ahnte dort wohl eine geheime, vielleicht unheimliche Kraft. Das Bild, das Rußland ihm zu seiner Zeit bot, und das er in den für den Augenblick gesprochenen Vorlesungen und in flüchtigen Notizen zeichnete, konnte ihm als einem freien Geiste nicht gefallen. Seine Antipathie ist rein geistiger Art, nicht etwa national oder gar rassisch bestimmt.

Während Kant den Untergang Polens bedauerte, erschreckte ihn das Vordringen Rußlands nach Westen. Er hat diesem Unbehagen in einer Anmerkung zur Anthropologie deutlich Ausdruck gegeben. Aus demselben Jahre 1798 haben wir noch ein anderes Zeugnis für das Mißbehagen, das Kant bei dem Gedanken an die Grenznachbarschaft zwischen Preußen und Rußland, die erst 1795 Wirklichkeit geworden war, anscheinend empfunden hat. Am 1. Juli 1798 hatte Kant an Lichtenberg in Göttingen seinen Schüler Friedrich Heinrich Johann von Farenheid empfohlen, der in Begleitung von Kants ehemaligem Amanuensis J. H. I. Lehmann nach Göttingen reiste, um dort zu studieren. Am 9. Dezember 1798 bestätigte Lichtenberg den Besuch der beiden jungen Leute, die auf ihn einen guten Eindruck gemacht hatten, und fügt hinzu: „In Preußen gibt's doch noch Patrioten. Dort sind sie aber auch am nötigsten. Nur Patrioten und Philosophen dorthin, so soll Asien wohl nicht über die Grenzen von Kurland vorrücken."

Kant selbst hat gegen die Annexion des in seiner Bildungsschicht deutschsprachigen Kurland durch Rußland nicht Stellung genommen, wenn er sie wohl auch verurteilte wie die Aufteilung Polens und das Vordringen Rußlands nach Westen überhaupt.

Wenn Kant die negativen Elemente staatlicher und sozialer Strukturen mehr im Osten, die positiven mehr im Westen sah, so war das die allgemeine Ansicht seiner Zeitgenossen vom Fortschreiten der Kultur und der Gesittung vom Westen zum Osten. Von England und Frankreich kamen technischer Fortschritt und neue Ideen der Philosophie. Kants naturwissenschaftliche Spekulationen fußten auf Isaac Newton. Von den Philosophen schätzte er am meisten den Engländer Hume und den Franzosen Rousseau, die beide seine Zeitgenossen waren. Rousseaus „Emile" und „Le contrat social" erschienen 1762. In seinem Studierzimmer hatte Kant nur ein einziges Bild hängen, ein Porträt Rousseaus, das ihm sein Freund, der Bankier Ruffmann, geschenkt hatte. Französische und englische Kaufleute Königsbergs waren seine besten Freunde.

Als die Gedanken der westlichen Aufklärungsphilosophie in die politische Wirklichkeit einzugehen begannen, begrüßte Kant das als die Morgenröte eines neuen Zeitalters. Mit lebhaftem Interesse verfolgte er die Entstehung der ersten modernen Demokratie im amerikanischen

Unabhängigkeitskriege. Darüber berichtet sein Biograph Jachmann.

„Zur Zeit des Englisch-Nordamerikanischen Krieges ging Kant eines Nachmittags in dem Dönhoffschen Garten spazieren (der Garten lag an der Königstraße; ein Teil war als Tompsonscher Garten öffentlich und wurde von den in Königsberg ansässigen Engländern, unter denen Kant viele Freunde hatte, gern besucht) und blieb vor einer Laube stehen, in welcher er einen seiner Bekannten in Gesellschaft einiger ihm unbekannter Männer entdeckte. Er ließ sich mit diesem in ein Gespräch ein, an welchem auch die übrigen teilnahmen. Bald fiel ihr Gespräch auf die merkwürdige Zeitgeschichte. Kant nahm sich der Amerikaner an, verfocht mit Wärme ihre gerechte Sache und ließ sich mit einiger Bitterkeit über das Benehmen der Engländer aus. Auf einmal springt ganz voll Wut ein Mann aus der Gesellschaft auf, tritt vor Kant hin, sagt, daß er ein Engländer sei, erklärt seine ganze Nation und sich selbst durch seine Äußerungen für beleidigt und verlangt in der größten Hitze eine Genugtuung durch einen blutigen Zweikampf.

Kant ließ sich durch den Zorn des Mannes nicht im mindesten aus seiner Fassung bringen, sondern setzte sein Gespräch fort und fing an, seine politischen Grundsätze und Meinungen und den Gesichtspunkt, aus welchem jeder Mensch als Weltbürger, seinem Patriotismus unbeschadet, dergleichen Weltbegebenheiten beurteilen müsse, mit einer solchen hinreißenden Beredsamkeit zu schildern, daß Green — dies war der Engländer — ganz voll Erstaunen ihm freundschaftlich die Hand reichte, den hohen Ideen Kants beipflichtete, ihn wegen seiner Hitze um Verzeihung bat, ihn am Abende bis an seine Wohnung begleitete und ihn zu einem freundschaftlichen Besuch einlud. Der Kaufmann Motherby, ein Teilhaber von Green, war Augenzeuge dieses Vorfalles gewesen und hat mir oft versichert, daß Kant ihm und allen Anwesenden bei dieser Rede wie von einer himmlischen Kraft begeistert erschienen wäre und ihr Herz auf immer an sich gefesselt hätte."

An der Wahrheit dieses Berichtes ist kein Zweifel, da Jachmann Erzieher im Hause Motherby war, aber die Daten müssen sich verschoben haben. Green und Kant kannten sich seit 1766, und der amerikanische Unabhängigkeitskrieg brach erst 1773 aus. Vielleicht hat dieses Gespräch schon früher, während der dem Kriege vorausgehenden politischen Auseinandersetzungen zwischen den Kolonien und ihrem Mutterlande stattgefunden. Zweierlei ist an ihm bemerkenswert, einmal die Begeisterung, mit der der Philosoph für die Amerikaner gegen die Engländer Stellung nahm, und zweitens, daß er die politischen Ereignisse auf die Grundsätze zurückführte, wie es einem Philosophen wohl anstand, auf das Weltbürgertum, das die Menschen nicht nach ihrer Nationalität, sondern nach ihrem Menschentum wertet.

Die andere Stelle, die uns darüber Auskunft gibt, was Kant von den USA hielt, finden wir in seiner „Physischen Geographie".

In der von Friedrich Theodor Rink herausgegebenen Ausgabe, von 1802, ist Nordamerika noch nach dem kolonialen Status behandelt, und die Sitten der Indianer interessieren mehr als die kurz besprochenen englischen Kolonien. Ergiebiger ist die von K. G. Schelle herausgebrachte Ausgabe, die 1807 in Leipzig herauskam. In ihr lesen wir:

„Tiefer gegen Süden folgt unmittelbar auf Canada der nordamerikanische Freistaat, eine Bundesrepublik von der musterhaftesten Einrichtung, ein Beispiel eines Staates, der auf Publicität und Freiheit beruht, und worin dieselben im allerstärksten Steigen begriffen sind. Es ist bis jetzt auf dem ganzen Erdboden das einzige wahre Land der Freiheit, wo sie in ihrer ganzen segenbringenden Gestalt erscheint und wirkt. Keine früheren Gifte der Gesellschaft brauchen in ihr erst vertilgt zu werden, die dann auf die junge Freiheit hätten zurückwirken können. Keine dem Aberglauben und ihrem Interesse dienende Priesterschaft, kein alter, mit Vorrechten vor den übrigen Staatsbürgern aufgewachsener Adel wurde bei der Gründung des amerikanischen Freiheitsstaates von dem Interesse der Gesamtheit der Bürger getrennt — denn es gab in Amerika gar keinen solchen doppelten Stand — und ihn gründete kein durch Sitten verdorbenes Geschlecht. Es gründete ihn eine junge, von den Ränken und Lastern der alten Welt entfernt liegende, tätige, in sich einige und von dem Gefühl der wahren Würde des Menschen durchdrungene Nation. In beiden Rücksichten, daß der amerikanische Freistaat nicht Menschen in sich aufnahm, die verschiedenes Interesse von dem Interesse des Staates abzog, und keine verderbten Sitten die edleren Grundsätze der Freiheit vergifteten, hatte er großen Vorsprung vor dem alten Rom so wie vor dem heutigen Frankreich, und so mußte er, wie die Erfahrung zeigt, auch immer gedeihen. Sein Flor, seine wunderbar wachsende Bevölkerung, sein Geist der Ruhe und Ordnung, bei der regsten Teilnahme der Bürger an den öffentlichen Verhältnissen, die so weit geht, daß sich der Landmann die Lesung öffentlicher Blätter um keinen Preis entziehen oder auch nur durch Taxen beschweren ließe, sie, die jedermann mit gespannter Aufmerksamkeit erwartet und verschlingt: alles dies zeigt an einem glücklichen Beispiel, welche herrlichen Früchte die echte Freiheit trägt, wenn ihr nichts entgegenwirkt. Kurz: der nordamerikanische Freistaat ist in der Geschichte der Welt ein einziges Phänomen, auf welches die Blicke jedes Weltbürgers gerichtet bleiben müssen.“

Die Vereinigten Staaten sind also für Kant das einzige wahre Land der Freiheit auf dem ganzen Erdboden. Sie beruht auf der Teilnahme der Bürger an den öffentlichen Verhältnissen, das durch die Zeitungen, die neue Großmacht Presse, wach gehalten wird. Die USA sind deshalb etwas absolut Neues, weil sie keine alte feudale Gesellschaftsstruktur zu überwinden hatten — Goethe spricht von „alten Schlössern“.

Wo gab es in der ganzen Welt eine bessere Einsicht in die Grundlagen der ersten modernen demokratischen Republik, als sie von Kant vom Katheder der Königsberger Albertina verkündet wurde.

Der Ausbruch der Revolution in Frankreich erregte auch im preußischen Königsberg große Begeisterung. Christian Friedrich Reusch, ein Sohn von Kants Tischgenossen Professor Daniel Reusch, war damals zehn Jahre alt. Der spätere Oberpräsidialrat und Kurator der Universität schrieb noch kurz vor seinem Tode (1848): „Ich erinnere mich des gewaltigen Eindrucks, den die französische Revolution hervorbrachte. Die Zeitungen wurden mit Begierde ergriffen. Die Erstürmung und Zerstörung der Bastille wurde mit Begeisterung aufgenommen, die Schreckensszenen, die Schicksale der unglücklich eingekerkert gewesenen, mit brennenden Farben ausgemalt“. Kant, damals 65 Jahre alt, war solcher Leidenschaft nicht fähig. Er sprach aber oft und ungescheut über seine Sympathie für die Revolution, wozu der Mediziner, Professor Daniel Metzger, der anderer Ansicht war, bemerkt: „Man hatte so viel Achtung für den sonst so sehr geschätzten Mann, ihm diese Gesinnung zugute zu halten".

Die offene Sympathie Kants für die Revolution führte zu Gerüchten, daß der Abbé Sieyès ihn durch Mittelsmänner gebeten habe, die neue französische Konstitution zu begutachten oder sogar als Friedensstifter nach Frankreich zu kommen. In der Tat versuchte ein Beamter des Wohlfahrtsausschusses, Theremin, durch seinen Bruder Anton Ludwig Theremin, der damals reformierter Prediger in Memel war, mit Kant in Verbindung zu treten. Dieser lehnte jedoch ab. Kant sah der Revolution zu wie einem politischen Experiment. Wie ein Naturforscher mit einem physikalischen Experiment die Richtigkeit seiner Theorie bewiesen sehen möchte, so hoffte Kant, die Richtigkeit der Aufklärungsphilosophie am Experiment der Revolution bestätigt zu finden, und war enttäuscht über den Unterschied zwischen der philosophischen Lehre und der politischen Wirklichkeit. Er hat sich weder über Robespierre noch über Napoleon geäußert.

Wie wenig Kant im Grunde ein Revolutionär war, beweist sein Verhalten, als er einmal, ein einziges Mal nur, mit dem preußischen Staat in einen Konflikt kam. Nach dem Tode Friedrichs des Großen war die preußische Kirchenpolitik auf orthodox-reaktionären Kurs gegangen. Ein Aufsatz Kants: „Über das radikale Böse" in der Berlinischen Monatsschrift war von der Zensur noch genehmigt worden, doch wurden die geplanten Fortsetzungen nicht zugelassen. Darauf versicherte sich Kant der

Zustimmung der Philosophischen Fakultät der Universität des Druckortes Jena und brachte die Schrift unter dem Titel „Religion innerhalb der Grenzen der bloßen Vernunft" 1793 heraus. Darauf erwirkte der streng orthodoxe Johann Christoph Wöllner, Günstling Friedrich Wilhelms II. und Chef des geistlichen Departments, eine königliche Kabinettsorder vom 10. Oktober 1794, in der Kant wegen dieser Schrift getadelt und verpflichtet wurde, fortan nichts gegen die Religion zu lehren und zu schreiben. Kant fügte sich mit den Worten „Schweigen in einem Falle wie dem gegenwärtigen ist Untertanenpflicht". Spätere Biographen haben den Philosophen wegen dieser Unterwürfigkeit getadelt. Den Schlüssel zum Verständnis für Kants Haltung gibt das Wort Untertanenpflicht. Das sittliche Gebot des Gehorsams gegenüber dem Staat galt unabhängig von den Personen, die jeweils den Staat vertraten. Wöllners berüchtigtes Religionsedikt von 1788 hob König Friedrich Wilhelm III. nach seiner Thronbesteigung wieder auf.

Kants Antwort auf die Französische Revolution war die Schrift „Zum ewigen Frieden", entstanden aus der Situation von 1795, als Preußen die Revolutionsregierung in Frankreich anerkannte und mit ihr zu Basel Frieden schloß. Die Schrift ist eine großartige Utopie, aber nicht die eines Schwärmers, sondern die eines kritischen Philosophen, der sich selbst im Vorwort als theoretischen Politiker bezeichnet. Kant hat den Gegensatz wohl gesehen zwischen dem Bild, das er von der Zukunft der Staaten und Völker entwarf, und dem von Revolutions- und Eroberungskriegen erschütterten Europa seiner Zeit, aber er hat doch die Hoffnung gehabt, daß die Menschen zum ewigen Frieden kommen würden, sofern sie den richtigen

Gebrauch von ihrer Vernunft machten. Er schließt den Traktat mit den folgenden Worten: „Wenn es Pflicht, wenn zugleich gegründete Hoffnung da ist, den Zustand des öffentlichen Rechtes, obgleich nur in einer ins Unendliche fortschreitenden Annäherung, wirklich zu machen, so ist der ewige Friede keine leere Idee, sondern eine Aufgabe, die nach und nach aufgelöst beständig näherkommt".

Zwischen Weltbürgertum und Staatsbürgerschaft gab es eigentlich keine Konflikte, aber die Generation, die die Steinschen Reformen trug und die Befreiungskriege als eine nationale Aufgabe ansah, war mehr staatsbürgerlich als weltbürgerlich. So hatte es schon einen Sinn, wenn August Wilhelm Heidemann, seit 1802 Professor für Staatsrecht an der Albertina und ein halbes Jahrhundert jünger als Kant, am vierten Todestage Kants, am 12. Februar 1808, vor einem Auditorium, zu dem auch die königlichen Prinzen gehörten, über die Pflichten des Staatsbürgers sprach — über die Pflichten, nicht über die Rechte!

KANT UND DER ADEL

Preußen war zur Zeit Kants zwar ein Rechtsstaat, aber keine Demokratie. Als Untertanen des Königs waren alle Preußen gleich, aber die Gesellschaft war ständisch gegliedert in Adel und Bürgertum. Jeder Stand hatte nach dem Spruch suum cuique seine besonderen Rechte und Pflichten. Nur Adlige konnten Besitzer von Rittergütern, Offiziere und höhere Beamte werden, aber für diese Vorrechte hatten sie auch mehr für den Staat zu leisten als die Bürgerlichen. Travailler pour le ori de Prusse war ihre

Maxime. Die Gleichheit aller Staatsbürger auch in der Berufswahl wurde seit langem gefordert und in Frankreich als égalité 1789 durchgeführt, und auch Kant stellte in seiner Pädagogik den Grundsatz auf: „Dem Jüngling muß man zeigen, daß die Ungleichheit der Menschen eine Einrichtung ist, da ein Mensch Vorteile vor dem andern zu erhalten gesucht hat. Das Bewußtsein der Gleichheit der Menschen bei der bürgerlichen Ungleichheit kann ihm nach und nach beigebracht werden". Die Demokratisierung der Gesellschaft in Preußen durch die Steinschen Reformen hat Kant jedoch nicht mehr erlebt. Unbeschadet seiner Grundanschauung hat Kant die gesellschaftliche Ordnung, in der er lebte, respektiert. Von einer Auflehnung gegen einen Klassenstaat ist keine Rede, und mit der Schablone des Klassenkampfes sind keine neuen Einsichten über Kant zu gewinnen.

Die Eingliederung in die Gesellschaft seiner Zeit war für Kant deshalb selbstverständlich, weil die Adligen in der Epoche der friderizianischen Aufklärung ebenso bildungseifrig und weltbürgerlich waren wie weite Kreise des Bürgertums und weil Kant selbst in gewisser Weise dem Adel gleich geachtet wurde, ohne daß er deshalb in den Adelsstand „erhoben" zu werden brauchte, wie es bei Goethe und Schiller der Fall war.

Für den Anteil des Adels an der geistigen und künstlerischen Bildung der Zeit gibt es zahllose Beispiele. Offiziere hörten die Vorlesungen Kants, und als Ludwig Nicolovius seinen alten Lehrer um Rat fragte, ob es sich lohnen werde, Vorlesungen über die „elegante Literatur und Cultur" zu halten, antwortete Kant, daß er zwar auf die Studenten nicht rechnen könne, denn „die jetzt herrschenden Grundsätze des Studierens der Jugend auf unserer

Akademie" bestünden darin, „sie gleichsam courirmäßig zu durchlaufen, um sich sobald als möglich um ein Amt bewerben zu können". Dagegen rechne er „am meisten auf den Adel und im Winterhalbjahr auf die Offiziere". Die Akademikerschaft, Kants eigentlicher sozialer Standort, bildete seit der Zeit des Humanismus eine dem Adel gleich geachtete bürgerliche Schicht. Von der alten studentischen Tracht war zwar nicht viel geblieben, und als die Studenten 1795 ihre Wiedereinführung wünschten, lehnte der Senat das ab mit einer Begründung, die noch ein halbes Jahrhundert vorher undenkbar gewesen wäre, daß nämlich die Studenten sich nicht zu sehr von den andern Ständen abheben dürften. Es blieb ihnen aber der Degen, und auch Kant hat den kleinen Einsteckdegen getragen — die junge Frau Charlotte Jacobi stickte ihm sogar 1762 ein Degenband. Erst nach dem Ausbruch der Französischen Revolution hat Kant den Degen abgelegt und ihn mit dem Spazierstock vertauscht, dieser bürgerlichen Kümmerform der feudalen Waffe. Im übrigen behielt er seine gewohnte Tracht bei. In der Genietracht seiner Zeit mit offenem Hals und weitem Schillerkragen können wir uns den Philosophen nicht vorstellen. Die typisch bürgerliche Tracht, farbiger Frack, lange Hose und Zylinder, ist aber erst nach Kants Tode aufgekommen.

Außer den adligen Beamten und Offizieren wohnten auch viele Landadlige zeitweise in Königsberg. Sie hatten dort ihre Stadtpalais, an Größe und Aufwand nicht vergleichbar mit denen des märkischen Adels in Berlin oder des französischen in Versailles oder des österreichischen in Wien, schon deshalb nicht, weil ja Königsberg nur gelegentlich Sitz der königlichen Hofhaltung war, aber vergleichbar in der sozialen Funktion.

Kant bewegte sich in diesen Häusern als willkommener und geehrter Gast. Mit den „Spitzen der Behörden" verkehrte er nicht nur, wenn sein Amt es erforderte, sondern auch in ihren Häuslichkeiten, mit dem Oberburggrafen Jakob Friedrich v. Rohd, den Gouverneuren Graf Henkel v. Donnersmarck und Graf Wilhelm v. Brünneck, dem Staatsminister Leopold v. Schrötter, dem Kammerpräsidenten Anton Ludwig Wagner. Dem jungen Herzog Karl Friedrich v. Holstein-Beck las er ein Privatissimum in dessen Palais auf dem Vorderroßgarten und empfahl ihn 1775 an Lavater, wofür sich der Herzog in einem Brief aus Lausanne bei Kant bedankte. Der Graf Ernst Ahasver v. Lehndorff bezeichnete in einem Brief einige Tage, die er im Sommer 1793 mit Kant verlebt hatte, als die glücklichsten dieses Jahres, und der Graf Friedrich Adolf v. Kalkreuth, der spätere Feldmarschall und Verteidiger von Danzig, schrieb 1791 an Kant mit dem Wunsche, daß „ein Stern erster Größe in dieser Dämmerung uns noch lange leuchte". Den Husarengeneral Friedrich v. Lossow hat Kant sogar einmal auf seinem Gut Kleszowen bei Goldap besucht — es war die weiteste Reise, die er in seinem Leben unternommen hat — und hat ihn später in Wohnsdorf, dem Gut des ihnen beiden befreundeten Friedrich Leopold v. Schrötter, getroffen. Und wenn 1797, als Kant seine Vorlesungen einstellte, ein Festzug der Studentenschaft mit mehreren Musikkapellen ihm eine Ovation vor seiner Wohnung darbrachte und ein Graf Lehndorff dem Geehrten ein sechsstrophiges Gedicht überreichte, so beweist das wiederum die Wertschätzung, die der ostpreußische Adel dem Philosophen entgegenbrachte.

Besonders gern gesehen und hoch geschätzt wurde Kant

im Palais Keyserling auf dem Vorderroßgarten. Graf Gebhard Johann v. Keyserling, Sproß einer seit 1492 im Kurland ansässigen Adelsfamilie, hatte 1744 Charlotte Karoline Amalie, Tochter eines Grafen Karl Ludwig zu Truchseß-Waldburg, geheiratet und 1755 ein früher Waldburgisches, dann Schliebensches Palais auf dem Vorderroßgarten erworben. Nach seinem frühen Tode heiratete die Gräfin einen Neffen des Verstorbenen, den Reichsgrafen Christian Heinrich v. Keyserling — er war ein Sohn des als Mäzen und Verehrer Bachs bekannten Grafen Hermann Karl Keyserling. Graf Heinrich vergrößerte das Besitztum, baute das alte Haus zu einem der schönsten Adelssitze Königsbergs aus und füllte es mit kostbaren Möbeln, Bildern, Büchern und Chinoiserien im französischen Geschmack. Im Park am Schloßteich ließ er ein Gebäude für Theateraufführungen errichten. Das gräfliche Paar entfaltete den Luxus und guten Stil einer fürstlichen Hofhaltung mit schönen Pferden, kostbaren Equipagen, Lakaien in prachtvollen Livreen, mit Mohren und Heiducken. Es gab Liebhabertheater und Hauskonzerte, Soiréen und Bälle und Mittagstafeln, an denen die besten Vertreter des geistigen Lebens ohne Rücksicht auf ihren Stand teilnahmen. Mittelpunkt waren natürlich der Graf, der die Güter der Familie verwaltete und im übrigen sein Leben juristisch-politischen Studien, der Kunst und edler Geselligkeit widmete, und die Gräfin, eine geistvolle und gebildete Frau, die auch selbst malte und musizierte, so daß ihre Ernennung zum Mitglied der preußischen Akademie der Künste, die 1786 auf Antrag Chodowieckis erfolgte, mehr als ein Akt der Höflichkeit war. Kant nannte die Gräfin eine Zierde ihres Geschlechts und verehrte sie aufrichtig. Die Bleistiftzeichnung, die sie von ihm anfertigte, ist das älteste Bild Kants. An der Keyserlingschen Tafel haben Hippel, Hamann, Scheffner, Kraus und viele andere gesessen, und auch die durchreisenden Fremden von Stand und Namen haben dort ihre Aufwartung gemacht und auf diese Weise Kant kennen gelernt. Denn Kant war der angesehenste Gast in diesem Hause und hatte einen Ehrenplatz neben der Gräfin.

Nur ein Vierteljahrhundert strahlte der Glanz dieser Hofhaltung über Königsberg. Der Graf starb 1787, die Gräfin vier Jahre danach. Das Palais wurde verkauft, kam in den Besitz des Königshauses und wurde schließlich Dienstsitz des Kommandierenden Generals. Elisa von der Recke erinnerte sich noch nach Kants Tode an die Gespräche, die sie mit ihm im Keyserlingschen Hause gehabt hat.

„Schöne geistvolle Unterhaltungen danke ich dem interessanten persönlichen Umgang dieses berühmten Mannes; täglich sprach ich diesen liebenswürdigen Gesellschafter im Hause meines Vetters, des Reichsgrafen von Keyserling. Kant war der dreißigjährige Freund dieses Hauses und liebte den Umgang der verstorbenen Reichsgräfin. Oft sah ich ihn da so liebenswürdig unterhaltend, daß man nimmer den tief abstrakten Denker in ihm geahnt hätte. Im gesellschaflichen Gespräch wußte er bisweilen sogar abstrakte Ideen in ein liebliches Gewand zu kleiden. Anmutsvoller Witz stand ihm zu Gebote, und bisweilen war sein Gespräch mit leichter Satire gewürzt, die er immer mit der trockensten Miene anspruchslos hervorbrachte".

Daß Kant in seinem Alter und an seiner eigenen Tafel keinen Umgang mit Adligen mehr hatte, außer dem Neuadligen Hippel, war sicher keine Rückbesinnung auf seinen bürgerlichen Stand, sondern lag daran, daß er seinen eigenen Haushalt erst in vorgeschrittenem Alter einrichtete und seitdem den außerhäuslichen gesellschaftlichen Verkehr überhaupt einschränkte.

KANT UND SEINE FREUNDE IN DER KAUFMANNSCHAFT

Seit der Ordenszeit war Königsberg eine Kaufmanns- und Hansestadt, und Hafen und Handel bildeten auch zu Kants Zeiten den Lebensnerv der Bürgerschaft. Ihre wichtigsten Exponenten waren aber nicht mehr die alteingesessenen Patrizierfamilien, sondern „Zugereiste", Bankiers und Handelsherren aus dem Reich, aus Holland, England und Frankreich. Einige von ihnen waren die „Herzensfreunde" Kants. Es ist schwer zu sagen, was den Philosophen gerade zu Männern dieser Art zog. Der Reichtum war es sicher nicht, obwohl ihre Lebensführung sich von der Kants erheblich unterschied. Sie wohnten in prachtvollen Häusern in der Kneiphöfschen Langgasse und auf der Burgfreiheit, hatten Gesinde und Equipagen, beschäftigten viele „Handelsdiener" in ihren Kontoren und Speichern. Kant hat auch wohl nicht das Bedürfnis gehabt, sich bei ihnen über wirtschaftliche und banktechnische Fragen ihres Berufes zu unterrichten. Entscheidend war, daß sie Repräsentanten einer westlichen Kultur waren, die Franzosen aus der Nation Rousseaus, die Engländer aus der Heimat Humes. Kant interessierte sich nicht, soweit wir sehen, für die alten Königsberger Familien, ihre verwandtschaftlichen und geschäftlichen Beziehungen. Ihn zog das Neue an, der von calvinistischem

Glauben getragene Wagemut des nicht mehr zunftgebundenen Handelsherrn.

Die Holländer, die im 16. Jahrhundert einen großen Teil des Königsberger Seehandels beherrscht hatten, waren zu Kants Lebzeiten schon eingebürgert, dagegen lebten die französischen und englischen Kaufleute der Stadt sozusagen in zwei Welten. Die Hugenotten waren in der Mehrzahl nach dem Edikt von Potsdam 1685 eingewandert, bildeten eine Kolonie im Rechtssinne und eine eigene Kirchengemeinde mit der französisch-reformierten Kirche in der Königstraße, nicht weit vom Collegium Fridericianum gelegen. Kant war zwölf Jahre alt, als sie eingeweiht wurde. Noch hielten die Franzosen an ihrer Sprache und an ihrem Koloniestatus fest; sie begannen sich aber mehr und mehr als Königsberger zu fühlen.

Ähnliches gilt von den Briten. Schotten und Engländer bildeten bis zur Vereinigung ihrer Länder zum Königreich Großbritannien 1707 zwei Nationen mit eigenem Geschichtsbewußtsein, doch waren ihnen die englische Sprache und die reformierte Konfession gemeinsam. Im Unterschied zu den Franzosen bildeten sie keine eigene Kirchengemeinde, sondern hielten sich zu der deutsch-reformierten Gemeinde und trugen auch finanziell zum Bau ihrer Kirche auf der Burgfreiheit bei. In dieser 1701 eingeweihten Burgkirche hatten Schotten und Engländer ihre besonderen Bänke, die mit ihren Landeswappen verziert waren. Ihrer Heimat blieben sie noch lange verbunden; sie hatten dort Verwandte und Freunde und machten öfter Geschäftsreisen dorthin. Andererseits fühlten sie sich als Königsberger Bürger und bedienten sich der deutschen Sprache. Sie waren auf dem Wege, „eingepreußt“ zu werden, ohne daraus ein Integrierungsproblem zu machen. Diese Stellung zwischen den Nationen, die Herkunft aus der westeuropäischen Geistigkeit, das war es wohl, was Kant den Verkehr mit solchen Menschen so reizvoll machte. Diese Kaufleute waren keine Philosophen, aber auch keine Spezialisten des Geldverdienens, sondern Männer mit gediegener Bildung und einem weiten Horizont, mit Welt- und Menschenkenntnis, und der deutsche Philosoph war im Gespräch mit ihnen nicht nur der Gebende, sondern auch der Empfangende. Als sich die Königsberger Kaufleute nach dem Ende der russischen Okkupation 1762 gegen die Einfuhr des schlechten Berliner Kriegsgeldes, der Ephraimiten, wandten, gehörten zu den Unterzeichnern der Eingabe Jean Claude Toussaint und Johann Conrad Jacobi. Mit beiden war Kant befreundet.

Toussaint hatte 1735 eine Getreidehandlung gegründet, machte aber auch Geschäfte mit Seide und erhielt 1769 ein Debit auf Berliner Porzellan zur Vergrößerung des Absatzes der 1751 gegründeten Berliner Manufaktur. Er hinterließ einen Sohn und vier Töchter. Der Sohn Frederic führte die Firma weiter zusammen mit seinem Schwager Jean Claude Laval. Die andern drei Töchter waren alle mit Männern verheiratet, die in Königsberg eine Rolle spielten, Albertina mit dem Buchhändler Johann Friedrich Hartknoch, dem Rigaer Verleger Kants, Charlotte mit Robert Motherby — von ihm wird noch zu sprechen sein —, und Sophie Marianne ist weniger als die Frau des Kaufmanns Pierre Jeremie Courtan bekannt geworden denn als Freundin Hamanns. Ihre Schwägerin Marianne Courtan heiratete Kants Freund Johann Gotthilf Lindner, den Rektor der Rigaer Domschule, der auf Hamanns Empfehlung den jungen Herder nach Riga holte. Die

Toussaints haben noch lange zu den großen Familien Königsbergs gehört. Noch Rosenkranz ist mit ihnen befreundet gewesen.

Der Schotte Francis Hay war schon seit 1697 in Königsberg ansässig und hatte in seiner Heimat Geld für den Bau der reformierten Burgkirche gesammelt (4000 Taler). Kant war häufiger Mittagsgast bei dessen Sohn Georg Hay und befreundet mit dem Schwiegersohn James Philipp aus Birmingham, dessen Söhne George und Adolph später bekannte liberale Politiker wurden. Kants Freund Georg Hay war verheiratet mit Henriette Barckley.

Diese schöngeistige Frau unterhielt in ihrem Hause auf dem Hintertragheim einen Salon, in dem später William Motherby und seine Frau Johanna, Achim v. Arnim und Schenkendorff verkehrten. Bekanntlich hat sie nach dem Tode ihres Mannes den zwölf Jahre jüngeren Schenkendorff, der Hauslehrer ihrer Kinder war, 1812 geheiratet. Von dem schöngeistigen Treiben hielt sich Kant fern, aber er freute sich, als er 1794 eine Köchin erhielt, die vier Jahre lang bei Barckleys gekocht hatte.

Wieweit diese englischen Kaufleute philosophische Interessen gehabt haben, ist schwer zu sagen. Immerhin haben David Barckley und Georg Hay vermutlich eine Reise finanziert, die Kants Schüler Friedrich August Nitsch nach England unternahm und auf der er in London stark besuchte Vorträge über die Kantische Philosophie hielt.

Eine echte Männerfreundschaft verband Kant mit den beiden Bankiers Ruffmann und Jacobi. Die Bekanntschaft mit dem 1737 in Pillau geborenen Ludwig Ruffmann mag durch dessen Frau, eine geborene Collins, vermittelt worden sein, vielleicht auch durch Hippel oder durch Robert Motherby. Jedenfalls hat sie drei Jahrzehnte bestanden. Kant nahm oft an den Mittagsgesellschaften Ruffmanns teil, und dieser schenkte seinem Freunde ein Bild des von beiden verehrten Rousseau, das Kant in seinem Studierzimmer aufhängte.

Ein hoch angesehenes Handelshaus war die Firma Schwinck. Die Familie soll Anfang des 18. Jahrhunderts aus Ulm zugewandert sein. Um 1750 waren Inhaber die Brüder Georg Friedrich und Karl Konrad Schwinck und ihre Schwester Charlotte, verheiratet mit Johann Conrad Jacobi. Sie besaßen mehrere Häuser und Speicher, einen großen Garten mit Treibhaus und Orangerie, ein Sommerhaus auf den Hufen und ein Gut am Galtgarben. Ein Sohn Georg Friedrichs, Georg Gotthilf, war verheiratet mit Charlotte Fischer, einer Schwester der Elisabeth Graun. Von ihr wird noch zu sprechen sein. Er war sehr musikalisch, sein Violinfreund der Kaufmann Martin Gottlieb Deetz, Schwiegersohn und Teilhaber der Firma des Peter Heinrich Hüge, Besitzer eines Gutes mit großem Park am Galtgarben, den auch Kant auf Hüges Einladung besucht hat. Sein Sohn Martin Gottlieb Deetz wurde der erste Königsberger Oberbürgermeister nach dem Erlaß der Städteordnung.

Der Firma Schwinck war Kant durch seine Freundschaft mit Johann Konrad Jacobi eng verbunden. Dieser 1717 in Grünstadt in der Pfalz geborene Mann war 1751 nach Königsberg gekommen, wo er mit den Brüdern Schwinck geschäftlich zu tun hatte. Er blieb, wurde der wichtigste Lieferant von Münzmetallen für die Königsberger Münze und heiratete die junge Charlotte Schwinck, er war 35, sie noch nicht 13 Jahre alt. Er gründete ein eigenes Bankhaus, und sein großes Haus in der Junkergasse, ein ehemals

Dohnasches Palais, wurde zu einem Mittelpunkt gesellschaftlichen Lebens. Hier verkehrten Kant, Hippel und der Münzmeister Göschen. Die Sonne, um die die Planeten kreisten, war die junge, schöne, wohl nicht sehr gebildete, aber lebenssprühende Charlotte. Kant und Göschen waren als ihre Verehrer, auch in der Jacobischen Loge im Theater, so unzertrennlich, daß Hippel sie spöttisch die Maskopisten nannte. Kant bewog seinen Freund Jacobi, Hamann eine Stelle bei der Akziseverwaltung zu besorgen.

Göschen, zwölf Jahre jünger als Kant, war aus seiner braunschweigischen Heimat 1764, also nach dem Siebenjährigen Kriege, nach Königsberg gekommen, als die Jacobische Ehe schon zwölf Jahre bestand. Ob die Frau Jacobi in ihrer Ehe keine Befriedigung fand — zwei Kinder waren bald nach der Geburt gestorben — oder ob Göschen sie zerstört hat; jedenfalls ließ sich Jacobi scheiden. Erregte das schon großes Aufsehen in der Königsberger Gesellschaft, so noch mehr der Umstand, daß Frau Jacobi knapp ein Jahr später Göschen heiratete. Wieder führte sie ein großes Haus, aber Kant blieb ihm fern. Seine Freundschaft mit Jacobi blieb bestehen und übertrug sich auf den Neffen Friedrich Conrad Jacobi, den der Bankier sich nach der Scheidung als Sozius und Nachfolger in die Firma holte. Kant bediente sich des Bankhauses, um jährlich 200 Taler an die Witwe seines Bruders Johann Heinrich zu zahlen.

Eine Nichte der Charlotte Jacobi-Göschen war die schon erwähnte Celeste Schwinck.

Ihre Verlobung mit Friedrich Gentz wird an anderer Stelle erwähnt.

Mit Schwinck zusammen saß im Kommerzien- und Admiralitätskollegium sein Freund Karl Konrad Fischer. Seine Tochter Elisabeth verheiratete dieser mit 18 Jahren an den Justizrat Graun, einen Sohn des bekannten Komponisten und Kapellmeisters Karl Heinrich Graun. Die Ehe war unglücklich, da eine schöne junge, allen Künsten ergebene Frau an einen alten Pedanten gefesselt war, und wurde 1794 geschieden. Elisabeth heiratete ein Jahr später Friedrich August v. Stägemann, den sie bei Schwincks kennengelernt hatte und dem sie seit Jahren freundschaftlich verbunden war. Sie unterhielt sowohl als Frau Graun in ihrem Hause am Pregel wie als Frau v. Stägemann in ihrem Hause am Schloßteich einen Salon, in dem sich die geistvollsten Männer Königsbergs trafen, um der schönsten Frau der Stadt zu huldigen. Hippel und Scheffner waren ihre Freunde, später auch Fichte. Kleist las ihr den „Michael Kohlhaas" und den eben vollendeten „Zerbrochenen Krug" vor und ließ sie an der Entstehung der „Penthesilea" teilnehmen.

Ihre Musikfreunde waren der Herzog Friedrich Karl von Holstein-Beck und Johann Friedrich Reichardt. Der junge, enthusiastisch allem Schönen zugewandte Herzog, der als Mäzen des Königsberger Musiklebens bekannter geworden ist denn als General, verehrte Elisabeth so sehr, daß er fast ihre und seine Ehe in Gefahr gebracht hätte. Der in Königsberg geborene Kapellmeister und Komponist Reichardt, der bei Kant Philosophie gehört hatte, komponierte Lieder für ihre Altstimme. Auch Kant gehörte zu den Verehrern der Frau v. Stägemann. An den musikalischen Unterhaltungen hatte er allerdings kein Interesse. Meist verließ er die Gesellschaft, bevor das Musizieren anfing, wie er auch sonst in keinem der vielen musikalischen Zirkel der Bürgerschaft verkehrte. Er führte aber seine Schüler Gentz und Kiesewetter bei ihr ein und muß mehr als ein gewöhnlicher Gast gewesen sein. Sonst hätte Elisabeth nicht auf Bitten Reichardts ein Bild von ihm gezeichnet. Sie schickte das Bild, von dem Kant sehr angetan war, an Reichardt, und dieser ließ in Berlin einen Stich von ihm anfertigen.

Kants Herzensfreund war Junggeselle wie er, der Kaufmann Joseph Green. Um 1726 in Hull geboren, also mit Kant etwa gleichaltrig, war er in jungen Jahren nach Königsberg gekommen und hatte hier ein Handelsgeschäft gegründet. Seine Schwestern lebten in England, und Green reiste oft aus geschäftlichen und persönlichen Gründen in seine Heimat, die er immer noch als sein Vaterland ansah.

Kant besuchte Green viele Jahre lang fast jeden Nachmittag. Jachmann berichtet: „Er fand Green in seinem Lehnstuhle schlafen, setzte sich neben ihn, hing seinen Gedanken nach und schlief auch ein; dann kam gewöhnlich der Bankdirektor Ruffmann und tat ein Gleiches, bis endlich Motherby zu einer bestimmten Zeit ins Zimmer trat und die Gesellschaft weckte, die sich dann bis sieben Uhr mit den interessantesten Gesprächen unterhielt". Green war bei seinem Tode 60 Jahre alt, Kant mit ihm etwa gleichaltrig und Ruffmann elf Jahre jünger. Da sich diese Szene viele Jahre lang abgespielt haben soll, wären die Freunde bei diesem Symposion des Schlafens in den Fünfzigern gewesen. Der Wahrheitsgehalt dieser Geschichte besteht wohl darin, daß echte Männerfreundschaft sich auch im gemeinsamen Schweigen bewähren kann.

Kant fand in Green aber nicht nur den Schweiger, sondern einen, man kann wohl sagen ebenbürtigen Gesprächspartner. Green ist nicht dazu gekommen und es war wohl nicht seine Absicht, seine Bildung in Druckerschwärze umzusetzen. Auch Briefe brauchten die Freunde, die sich täglich sahen, nicht zu wechseln, und kein Eckermann hat ihre Gespräche aufgezeichnet. Kant hat zwar selbst gesagt, daß Green nicht Poesie und Prosa habe unterscheiden können und Musik ihm bloßes Geräusch gewesen sei, aber Green war zweifellos ein vielseitig gebildeter, politisch interessierter Mann. Es bedeutet doch sehr viel, wenn Kant sagte, er habe keinen Satz in der „Kritik der reinen Vernunft" niedergeschrieben, den er nicht vorher von Green habe beurteilen lassen.

Kant war durch den Tod seines Freundes 1786 sehr erschüttert. Er hatte den Trost, in Greens Neffen und Erben, Robert Motherby, einen jungen Freund zu besitzen, der nicht nur die geschäftlichen Verbindung aufrechterhielt — die Firma Green verwaltete Kants Vermögen —, sondern auch die Freundschaft fortsetzte und um eine kinderreiche Familie erweiterte. Als 18jährigen hatte Green den jungen Schotten nach Königsberg geholt, wo er bald zum Teilhaber der Firma aufstieg. Er heiratete Charlotte Toussaint, übernahm nach dem Tode seines Schwiegervaters dessen Haus in der Kneiphöfschen Langgasse und freute sich an seinen vier Söhnen und zwei Töchtern und den vielen Gästen, die Leben in das Haus brachten. Kant war sein regelmäßiger Sonntagsgast. Die Unterhaltung der beiden Männer ging wohl weniger um philosophische Fragen als um solche der praktischen Lebensgestaltung, besonders um die Erziehung der Kinder.

Im Hause Motherby lernte Kant auch Paul Heinrich Collin kennen, einen beweglichen und unternehmungslustigen Mann französischer Herkunft, der sich einige Jahre lang in England umgetan hatte und 1776 in Königsberg eine Fayence- und Steingutfabrik gründete. Er war ein Künstler im Modellieren von Reliefporträts. Von seinen Medaillonbildnissen (u. a. Hamann, Hippel, Domhardt und Quandt) wurde das von Kant besonders geschätzt.

Diesen Freundeskreis des Philosophen muß man kennen, um zu verstehen, daß Kant es nicht über sich brachte, seinen Diener beim Namen zu rufen. Er hieß nämlich — Kaufmann.

HAMANN, HIPPEL, SCHEFFNER

Unter den Freunden Kants ragen zwei Männer hervor, die auch ohne ihre Beziehungen zu Kant einen guten Platz in der deutschen Geistesgeschichte hätten, Hamann und Hippel, der erste sechs, der zweite siebzehn Jahre jünger als Kant, doch hat dieser beide überlebt.

Johann Georg Hamann, Sohn eines tüchtigen Wundarztes und Baders der Altstadt Königsberg, hatte wie Kant, nur einige Jahre später, bei Knutzen Philosophie und bei Rappolt Naturwissenschaften studiert, aber keinen akademischen Grad erworben. Nach einigen Hofmeisterjahren lebte er im väterlichen Hause von schriftstellerischen Arbeiten und Übersetzungen und gab Unterricht in fremden Sprachen. Sein Lebenselement war der Umgang mit Büchern, doch brauchte er auch wie Kant das sokratische Gespräch mit jüngeren Menschen, die der „Magus im Norden“ mit magischer Kraft an sich zog. Wann er mit Kant bekannt geworden ist, wissen wir nicht, doch gab dieser ihm dadurch einen festen Halt, daß er seinen Freund, den einflußreichen Bankier Jacobi, bewog, Hamann 1767 eine Anstellung bei der Zollverwaltung zu verschaffen. Hamann wurde Akziseinspektor und 1777 Packhofverwalter. Im Packhof wurden die Güter gelagert, nachdem sie aus den Schiffen gelöscht und bevor sie an den Abnehmer weitertransportiert wurden. Hamann war, soweit wir sehen, ein gewissenhafter Beamter, aber der Beruf füllte ihn nicht aus. Er schuf sich seine eigene geistige Welt. Von seinem bescheidenen Hause, in dem er mit dem Bauernmädchen Anna Regina Schumacher und vier Kindern in einem genial unordentlichen Haushalt in wilder Ehe lebte, gingen mehr Briefe in alle Welt als von Kants Schreibtisch, Briefe an seinen ehemaligen Schüler Herder in Weimar, den ihm von der Kanterschen Buchhandlung her befreundeten Verleger Hartknoch in Riga, an Lavater in Zürich, Matthias Claudius in Wandsbeck, Moses Mendelssohn in Berlin, Friedrich Heinrich Jacobi in Pempelfort, um nur einige zu nennen. Befreundet war Hamann mit den Professoren der Poesie Johann Gotthilf Lindner und Johann Gottlieb Kreutzfeld, auch mit den Kantfreunden Green, Jacobi, Scheffner. Der Graf Keyserling zog ihn wie ein Menschenfischer in sein Haus.

Allen seinen Schülern war Hamann nicht nur Lehrer, sondern auch Mentor und Erzieher, am gründlichsten seinem einzigen Sohn Johann Michael, der als Student bei Kant hörte und mit Kraus befreundet war. Diesen jungen Freund seines Sohnes wollte er zu seinem Hausgenossen machen, ehe Kant Kraus eine Stelle als Erzieher im Hause Keyserling verschaffte.

So hatte Kant über Dritte manche Verbindungen zu Hamann, aber ihr persönlicher Umgang war distanziert.

Man traf sich, man besuchte sich gelegentlich, aber zu den Tischfreunden Kants hat Hamann nicht gehört. Beide respektierten sich, aber sie empfanden doch stark, was sie voneinander unterschied. Bezeichnend ist die Ironie, mit der Kant 1774 an Hamann schrieb: „Ich bitte mir Ihre Meinung in einigen Zeilen aus, aber womöglich in der Sprache der Menschen. Denn ich armer Erdensohn bin zu der Göttersprache der anschauenden Vernunft nicht organisiert". Einmal gab es einen Mißton in ihrem Verhältnis, als Hamann sich von Hartknoch die Korrekturbogen der „Kritik der reinen Vernunft" ausbat und sie mit einer „Metakritik über den Purismum der Vernunft" beantwortete, die allerdings erst 1800, also nach Hamanns Tode gedruckt wurde.

Kant und Hamann sind beide Pole preußischen Wesens in ihrem Jahrhundert und gehören insofern zusammen, Kants Logik und Hamanns Ironie, Kants Verstandesklarheit und Hamanns Glaubenstiefe, Kants Denken und Hamanns Schauen. Zwischen ihnen spannt sich der Leuchtbogen, mit dem Königsberg damals das deutsche Geistesleben erhellte wie niemals zuvor und danach in seiner Geschichte.

Von anderer Art, aber ähnlicher Souveränität war Kants Verhältnis zu Theodor Gottlieb v. Hippel. Dieser war eine zwiespältige Natur. Der arme, aber mit vorzüglichen Geistesgaben ausgestattete Theologiestudent war auf einer Reise nach St. Petersburg zu einem Weltkind geworden, erfüllt von einem verzehrenden Ehrgeiz, eine Rolle in der großen Welt zu spielen. Er hatte die Theologie mit der Rechtswissenschaft vertauscht und es in wenigen Jahren zum Dirigierenden Bürgermeister von Königsberg, zu einem Stadtpalais und erheblichem Vermögen gebracht.

Er hatte Kants Kolleg gehört, doch war das Verhältnis zwischen beiden nicht das eines Lehrers zum Schüler, sondern das zwischen dem Oberhaupt der Stadt und einem ihrer berühmtesten Bürger. Hippels Charakter hatte mit dem Kants so gut wie nichts gemein. Er war ebenso hemmungslos in der Arbeit wie im Genuß, bedenkenlos im Umgang mit Geld, ein wohlhabender Sammler und berühmter Schriftsteller, doch hatte er die Marotte, die Autorschaft seiner Bücher geheim zu halten. Er schrieb Satiren, Lustspiele und Romane, und er, der Junggeselle, stand mit Aufsehen erregenden Büchern über die Ehe und die „Bürgerliche Verbesserung der Weiber" am Beginn der Frauenemanzipation. Bis zu seinem Tode überraschte Hippel seine Freunde durch skurrile Einfälle. Der reiche Mann ließ sich auf dem Armenfriedhof begraben. Erst als dieser aufgelassen wurde, überführte man die Gebeine auf den Neuroßgärter Friedhof an der Sternwarte. Nur Kants Großzügigkeit machte es möglich, die Freundschaft mit diesem geistvollen Sonderling bis zu Hippels Tode — er starb 1796 im Alter von 55 Jahren — aufrecht zu erhalten. Er ertrug dessen freundlichen Spott, wenn Hippel Kant und Göschen als Maskopisten bezeichnete oder wenn er Kant riet, eine Kritik der Kochkunst zu schreiben. Kant nahm Hippel nach dessen Tode in einer öffentlichen Erklärung gegen den Vorwurf des Plagiats in Schutz. Hippel hatte in einem Roman Gedanken Kants derart wiedergegeben, daß der Leser den Verdacht schöpfen mußte, daß dieser der Verfasser des anonymen Werkes sei. Dazu schrieb Kant in seiner vornehmen Art, Hippel sei der Verfasser, habe sich „nie sonderlich mit Philosophie befaßt" und „die ihm in die Hände gefallenen Materialien gleichsam zur Würze für den Gaumen seiner Leser gebraucht, ohne darin Rechenschaft geben zu dürfen, ob sie aus des Nachbars Garten oder aus Indien oder aus seinem eigenen genommen waren".

Eine andere Schwäche Hippels nutzte Kant auf seine Weise. Hippel betrieb die Erneuerung des Adelstitels, den seine Familie angeblich früher besessen hatte, und erreichte 1790 die Nobilitierung für sich und seine Blutsverwandten — und das in einer Zeit, als die Welt von der Gleichheit aller Menschen schwärmte. Kant gratulierte Hippel, benutzte aber die Gelegenheit, um von dem frisch Geadelten ein Stipendium für einen Studenten zu erbitten.

Bei aller Zwielichtigkeit seines Wesens sagte Hippel wohl doch die Wahrheit, als er zwei Jahre vor seinem Tode an Kant schrieb: „Wie sehr ich mich nach Ihrem lehrreichen Umgang sehne, der mir mehr gilt als alles, was Königsberg hat, brauche ich Ihnen nicht zu sagen. Schon ist es mir erfreulich, Ihr nachbarliches Haus aus meinem Arbeitszimmer zu sehen, und mein erster Blick war täglich dahin gerichtet. So soll es auch immerwährend bleiben, solange ich durch diese Nachbarschaft beglückt werde". Hippels Stadtpalais lag Kants Wohnhaus schräg gegenüber neben dem Lesgewangschen Stift an der späteren Poststraße. Außerdem besaß er ein Hufengut als Sommersitz, wie es damals bei reichen Leuten Mode wurde. Nicht weit davon, auf dem Butterberg im Neuroßgarten, wohnte ein anderer Freund Kants, der Kriegsrat Johann George Scheffner, ein Lebenskünstler wie Hippel und sein engster Vertrauter. Er war der einzige, der von dessen literarischer Autorschaft wußte.

Zwölf Jahre jünger als Kant, lebte Scheffner, der schon im Alter von 40 Jahren den preußischen Staatsdienst als Kriegs- und Domänenrat quittiert hatte, in rastlos tätiger

Muße, seit 1795 in Königsberg als wohlhabender Privatmann, interessiert an allem, was in der Welt geschah, besonders an Erziehungsfragen, unermüdlicher Briefschreiber und beliebter Gesprächspartner. Kants Kolleg hatte er als Student nicht besucht, weil der musikfreudige Professor der Rechte Johann Ludwig v. L'Estocq, in dessen Hause er lebte, ihm abgeraten hatte, da Kant sich nichts aus Musik mache. Scheffner glänzte auf allen Gesellschaften durch sein bewegliches Temperament und seine Redegabe. Nach dem Urteil Ernst Moritz Arndts war er freilich „einer von den Geistern, welche, durch Gespräch und Gesellschaft gereizt, eitel Funken von sich geben, in der Einsamkeit aber weniger glücklich schaffen".

Kant unterhielt sich gern mit dem geistreichen Plauderer und zog ihn in den Kreis seiner Tischgenossen, doch bestand keine in die Tiefe gehende geistige Verwandtschaft zwischen dem Philosophen und dem betriebsamen Dilettanten. Die Höhe seiner Wirksamkeit erreichte Scheffner erst nach Kants Tode, als er das Vertrauen des Königspaares gewann, während der Hof 1808/09 in Königsberg residierte, und gegen Ende seines Lebens — er starb 1820 im Alter von 84 Jahren — war er der allgemein verehrte Patriarch. Es paßt zu seiner Art, daß er 1809 die Anregung zur Errichtung der Stoa Kantiana gab, wie an anderer Stelle dargestellt wird.

Scheffner ließ keinen interessanten Menschen aus, und so verkehrte er auch mit Heinrich v. Kleist, als dieser — nach Kants Tode — nach Königsberg kam. Sein Kanterlebnis hatte Kleist schon hinter sich; es hätte den sensiblen Mann damals fast aus der Bahn geworfen. Als er vom Mai 1805 bis zum Januar 1807 als Diätar an der Königsberger Kriegs- und Domänenkammer tätig war, scheint er jeden inneren Kontakt mit der Umwelt der großen Toten vermieden zu haben, obwohl er überall mit ihr in Berührung kommen mußte, sowohl bei Kraus, dessen Kolleg er hörte, wie bei Elisabeth v. Stägemann, der er seinen soeben vollendeten „Zerbrochenen Krug" vorlas, wie auch bei Scheffner. Wie treffend dieser seinen seltsamen Gesprächspartner beurteilte, beweist sein Ausspruch: „Wie ein der Meerestiefe entsteigender Taucher sich wenigstens in den ersten Augenblicken nicht auf alles Große und Schöne besinnt, was er in der Wasserwelt gesehen hat, und es zu erzählen vermag, so schien es bisweilen bei Heinrich v. Kleist der Fall zu sein".

KANT UND DIE JUDEN

Kants Verhältnis zu den Juden in einem besonderen Kapitel zu betrachten, ist nicht aus rassischen Gründen notwendig. Einen Antisemitismus in späterem Sinne hat es damals in Königsberg ebenso wenig gegeben wie anandswo. Wohl aber lebten die Juden unter Verhältnissen, die sie von ihren Königsberger Mitbürgern deutlich unterschieden. Als Kant in das Friedrichskollegium eintrat, gab es sechs Schutzjuden in Königsberg; als er starb, waren es 879. 1748 war der erste Rabbiner angestellt, 1753 die erste Synagoge erbaut worden. Diese Fortschritte hatten die Juden erreicht, obwohl sie in Königsberg wie in ganz Preußen unter einem besonderen Recht lebten, dem „Reglement für die Judenschaft im Königreich Preußen", das von 1750 bis 1812 in Geltung war. Es betraf übrigens nur die mosaischen, nicht die christlich getauften Juden. Die Emanzipation der Juden, ihre Gleichstellung mit den übrigen Staatsbürgern hat Kant nicht mehr erlebt.

Die Sonderstellung der Juden hatte zur Folge, daß die meisten nur untereinander verkehrten und heirateten. Zwar machten die jüdischen Kaufleute und Bankiers auch mit den Christen Geschäfte, doch blieben sie gesellschaftlich unter sich. So ist es zu erklären, daß sich unter Kants Tischfreunden keine Juden befanden.

Im übrigen war sein Verhältnis zu Juden, die ihm in seinem Leben begegneten, frei von Vorurteilen.

Bekannt ist seine Freundschaft zu Marcus Herz. Der Vater hatte den Sohn nach Königsberg in eine kaufmännische Lehre gegeben, aber Marcus studierte bei Kant Philosophie. Nach seinem eigenen Urteil hat ihn Kant in vier Jahren „aus einem Nichts zu einem Menschen gemacht". Bei Antritt seiner ordentlichen Professur bestellte Kant den Juden Herz zum Korrespondenten sehr zum Mißfallen einiger protestantisch-orthodoxer Kollegen. Als Herz 1770 nach Berlin zurückkehrte, gab ihm Kant ein Empfehlungsschreiben an Moses Mendelssohn mit. Marcus wurde der Mann der berühmten Henriette Herz und selbst ein bekannter Arzt. In Berlin hat er für die Verbreitung der Kantischen Philosophie und für die Emanzipation der Juden gewirkt. Erlebt hat er sie ebenso wenig mehr wie ein anderer jüdischer Kantschüler, Isaac Abraham Euchel.

Als die Professur für orientalische Sprachen innerhalb der theologischen Fakultät längere Zeit vakant war, empfahl Kant seinen Hörer Euchel als Lehrer für Hebräisch und interimistischen Verwalter der Professur, doch scheiterte er an der Satzung der Universität, die die Anstellung von Juden nicht zuließ. Euchel ging nach Berlin und wurde dort ein Vorkämpfer für die Emanzipation seiner Glaubensgenossen, starb aber schon im Jahre 1804.

So unbefangen Kant mit den einzelnen Juden verkehrte, hatte er doch einen Vorbehalt gegen das Judentum als solches, nicht einen rassischen oder konfessionellen, sondern einen philosophischen. Er sprach ihm den Charakter einer Religion ab, weil ihm die sittliche Grundlage fehle. Seiner Meinung nach verlange das mosaische Gesetz weder Sittlichkeit noch Frömmigkeit, sondern nur Gehorsam und passe deshalb nicht in die Zeit der Aufklärung. Darin unterschied er sich von Lessing, dessen „Nathan" 1779 erschien. Die Synagoge war für Kant nicht mit einer christlichen Gemeinde gleichzusetzen. Er betrachtete sie mehr als eine gesellschaftliche Vereinigung, doch erkannte er die natürliche Zusammengehörigkeit der Juden an, als er 1789 an den Jenaer Philosophieprofessor Karl Leonhard Reinhold, der für die Verbreitung der Kantischen Philosophie viel getan hat, schrieb, daß ein Jude immer nur einen Juden male, wovon er den Zug an der Nase setze. Es handelte sich um eine Miniatur, die der Maler Moses Samuel Löwe (später Johann Michael Siegfried Lowe genannt) von Kant angefertigt hatte.

KANTS VERLEGER

Von den geschäftlichen Beziehungen Kants zu seinen Verlegern wissen wir wenig, doch lohnt es sich, die Männer vorzustellen, die seine Bücher herausgebracht haben.

Die ersten Verleger, mit denen der noch wenig bekannte Privatdozent zu tun hatte, waren unbedeutend. Eberhard Dorn druckte 1746 die „Gedanken von der wahren Schätzung der lebendigen Kräfte" und Friedrich Petersen die „Allgemeine Naturgeschichte und Theorie des Himmels". Da er während des Drucks Konkurs machte, kam dieses Werk erst 1755 heraus.

Johann Heinrich Hartung, 1699 in Erfurt geboren, war der erste große Verleger Kants. Er hatte in eine Königsberger Buchhandlung hineingeheiratet, eine andere dazu erworben, 1752 die zweimal wöchentlich erscheinende „Königliche privilegierte Preußische Staats-, Kriegs- und Friedenszeitungen" gegründet und war als Drucker, Verleger und Sortimenter eine Großmacht im geistigen Leben Königsbergs geworden. Er druckte 1755 Kants lateinische Dissertation „de igne" und brachte im folgenden Jahre seine Schrift über das Erdbeben in Lissabon unter dem barocken Titel „Geschichte und Naturbeschreibung des merkwürdigen Erdbebens . . ." heraus. Seinen Laden hatte er auf eigenem Grundbesitz in der Heiligen-Geist-Gasse der Altstadt, die ihren Namen von einem ehemaligen Spital zum Heiligen Geist hatte.

Als nach Hartungs Tode (1756) die Führung der Firma oft wechselte, trat ein neuer Mann wie ein rasch aufsteigendes und ebenso plötzlich verglühendes Gestirn am geistigen Himmel Königsbergs auf. Johann Jakob Kanter, Sohn eines Königsberger Druckers und Schriftgießers, hatte in Leipzig den Buchhandel erlernt und nach seiner Rückkehr 1760 von dem russischen Gouverneur ein Privileg erhalten, das Friedrich der Große nach dem Ende des Siebenjährigen Krieges erneuerte. Hervorragend begabt, aber sprunghaft in seiner Geschäftsführung, großzügig im Umgang mit jedermann, vielgeschäftig und unstet, verstand es Kanter, sich und seinen Laden zu einem Zentrum des geistigen Lebens seiner Vaterstadt zu machen. Dieser befand sich anfangs in der Altstädtischen Langgasse, doch verlegte ihn Kanter 1768 in das ehema-

Die Kantersche Buchhandlung in der Altstädtischen Langgasse

lige Löbenichtsche Rathaus, das nach einem Brande (1764) in anderer Form und als Miethaus wieder aufgebaut worden war. In einer Mansardenwohnung dieses Hauses wohnte, wie an anderer Stelle ausgeführt wird, der Magister Kant. Kanters Laden war schon deshalb eine Sehenswürdigkeit, weil er mit zwölf Büsten von Männern des klassischen Altertums und neun Porträts lebender Personen geschmückt war. Neben den Bildern des Landesherrn, des Philosophen Moses Mendelssohn und des damals hochgeschätzten Dichters Karl Wilhelm Ramler hingen sechs Porträts von Königsbergern, die Kanter von Johann Gottlieb Becker hatte malen lassen. Der älteste der Dargestellten, der Professor Friedrich Samuel Bock, war 52, der jüngste, Theodor Gottlieb v. Hippel, damals erst Advokat am Hofgericht, 27 Jahre alt. Der Magister Kant war mit seinen 42 Jahren der Zweitälteste. Welch ein Mut hat dazu gehört, die Porträts von sechs Männern mit dem Gespür für ihre — künftige — Bedeutung öffentlich auszustellen, von Männern, die sich selbst oft in diesem Laden aufhielten, besonders, wie Baczko es beschreibt, an den Posttagen um 11 Uhr vormittags, wenn „die neu angekommenen literärischen Producte auf einen großen Tisch gelegt wurden und viele unsrer Gelehrten kamen, teils um sich hiervon zu unterrichten, teils auch um einige Augenblicke in angenehmer Unterhaltung hinzubringen". Kant war kein Kunde, an dem ein Buchhändler Freude gehabt hätte. Als Privatdozent mit geringem Einkommen hatte er einen großen Teil seiner Bücher verkaufen müssen, und er hat später nur wenige selbst gekauft. Bei Kanter und später bei andern Buchhändlern hatte er sozusagen Freitisch für Bücher. Kanter kam es seiner ganzen noblen Art nach auch nicht so sehr auf den Verkauf von

Königliche privilegierte
Preußische Staats-, Kriegs- und Friedenszeitungen

Im Verlage der Hartungschen Hof-Buchdruckerei.

Nro. 93. Königsberg. Sonnabend, den 5ten August 1815.

Königsberg, den 2ten August.

Die königl. ostpreußische, physikalisch-ökonomische
esellschaft hielt an diesem Tage ihre Generalver-
mmlung Herr Professor v. Baczko trug in der-
lben eine Denkschrift auf Se. Excellenz den
taatsminister Freiherrn v Schrötter vor, der
k dem Tode des verewigten Grafen von Hertz-
rg sich als Protektor der Gesellschaft wichtige
erdienste um dieselbe erwarb; und diese Denk-
rift wird in kurzem gedruckt erscheinen.

Königsberg, den 5. August.

Den 3ten dieses Monats feierte die königl. deut-
e Gesellschaft das Geburtsfest Sr. Majestät des
önigs vor einer glänzenden Versammlung. Nach-
m der Präsident der Gesellschaft, Hr. Consisto-
alrath Wald, die Feier mit einem Prolog er-
net hatte, hielt der Hr. Consistorialrath Krause
e gehaltvolle Rede; worauf der jetzige Director
r Gesellschaft, Hr. Kriegsrath Beck, den vier-
Gesang seiner umgearbeiteten, und nunmehr
llendeten Uebersetzung des Virgilischen Land-
dichts vorlas, und mit einem auf die jetzige
oße Weltbegebenheit Bezug nehmenden Anhange
loß, den wir beizufügen uns nicht entbrechen
nnen:

Nachsang dies in der Sprache, die schwer zu besiegen, wie Proteus,
Aber wie er, kraftvoll und vielgestaltig sich wandelt,
Göttlicher Maro, ich dir, als Preussens Adler zum zweiten
Mal in der Gallier Brust an der Seine die strahlenden Krallen
Einschlug; Blücher, der Fürst, sein flammendes Schwerdt ob dem grausen
Schädel Napoleons schwang, des Menschenwürgers, und über
Babel Paris sein Siegespanier aufwallte; und Friedrich
Wilhelm Recht und Gesetz verlieh dem verwilderten Volke,
Dem in des Wüterichs Sturz nun Friede lächelt und Wohlstand.
Zwar in muthiger Jugend ich nicht, vom Alter beschneit schon,
Doch das beflockete Haupt noch aufrechttragend, begeistert
Von den Camönen annoch, und beglückt von Schrötter Mäcenas,
Der — ein Hüter des Rechts — das Schwert und die Wage der Themis
Führend — Borussiens Flur und ihre Metropolis weidet.

Büchern an als auf den Umgang mit geistigen Menschen. Er öffnete Kant auch die Spalten seiner „Königsbergsche Gelehrte und Politische Zeitungen", die in der kurzen Zeit ihres Bestehens eine der interessantesten deutschen Zeitungen überhaupt wurde, und bemühte sich, seine Schriften in den Verlag zu bekommen. Kant konnte ihm nur kleine Schriften geben, zuletzt 1766 die „Träume eines Geistersehers", eine Abhandlung, in der er sich mit der Theosophie des damals berühmten Swedenborg auseinandersetzte. Später hat Kanter nur noch die Rede, die Kant beim Antritt seiner Professur 1771 gehalten hat, herausbringen können.

Der größte Verleger Königsbergs in dieser Zeit wurde der junge Gottlieb Leberecht Hartung, ein Sohn Johann Heinrichs. Er führte die Firma mit Umsicht und Tatkraft zu einer neuen Höhe, während Kanter infolge seiner Unrast und zu weit gespannter Unternehmungen in Schwierigkeiten kam, die nach seinem Tode (1787) zum Konkurs führten. Hartung bekam aber nur ein Werk Kants in seinen Verlag, „Von den verschiedenen Racen der Menschen" (1775). Nicht er ist als Verleger Kants in die Geschichte eingegangen, sondern Johann Friedrich Hartknoch.

Hartknoch war als Gehilfe im Laden Kanters tätig gewesen, und Kant hatte wohl damals schon die Bedeutung des jungen Mannes erkannt. Im Alter von zweiundzwanzig Jahren eröffnete er eine eigene Buchhandlung in Mitau und siedelte von dort 1767 nach Riga über. Für einen Königsberger waren das kurländische Mitau und das livländische Riga nicht mehr Ausland als etwa das sächsische Leipzig. Viele deutsche Kurländer und Livländer besuchten das Friedrichskolleg und studierten an der Albertina;

Träume eines Geistersehers,

erläutert

durch

Träume der Metaphysik.

velut aegri somnia, vanae
Finguntur species.

HORAT.

Riga und Mietau,
bey Johann Friedrich Hartknoch.
1766.

die geistigen Beziehungen zwischen Preußen und den baltischen Ländern waren eng und vielfältig. So war es also keine Flucht in das Ausland, wenn Kant seine bedeutendsten Werke Hartknoch in Riga in den Verlag gab, sondern nur ein neuer Beweis für eine alte, von politischen Grenzen nicht gestörte geistige Verbundenheit. Hartknochs Verlag, der die Hauptschriften von Kant, Hamann, Herder und vielen andern deutschen, auch von jungen russischen Schriftstellern herausbrachte, war ein kulturelles Zentrum für den baltischen und russischen Osten. Bei Hartknoch erschienen Kants Hauptwerke, die „Kritik der reinen Vernunft" 1781, die „Prolegomena zu jeder künftigen Metaphysik, die als Wissenschaft wird auftreten können" 1783, die „Grundlegung zur Metaphysik der Sitten" 1785, die „Metaphysischen Anfangsgründe der Naturwissenschaften" 1786, die „Kritik der praktischen Vernunft" 1787. Als Hartknoch 1788 starb, sah sich sein Sohn genötigt, den Verlag aufzugeben.

Inzwischen war in Königsberg ein neuer Stern aufgegangen, Friedrich Nicolovius. Er stammte aus einer alten Königsberger Familie. Sein Bruder Balthasar wurde Vizepräsident der Regierung in Königsberg, der Bruder Ludwig war ein Hörer Kants und Freund und Schwiegersohn Hamanns, als Leiter der Sektion Unterricht im Ministerium des Innern unter Wilhelm v. Humboldt der Reformator des preußischen Schulwesens. Friedrich Nicolovius hatte bei Hartknoch den Buchhandel erlernt und 1790 in Königsberg eine Buchhandlung gegründet, die rasch einen großen Aufschwung nahm und sich auch gegen den mächtigen Hartung durchsetzte. Nach Hartungs Tode wurde er unbestritten der erste Buchhändler Königsbergs, in dessen elegantem Laden im ehemaligen Geßlerschen

Critik

der

practischen Vernunft

von

Immanuel Kant.

Riga,

bey Johann Friedrich Hartknoch

1788.

Palais in der Junkerstraße — es hatte der durch die Attacke von Hohenfriedberg berühmt gewordene General Graf Friedrich Leopold v. Geßler erbaut — die Gelehrten der Stadt ebenso verkehrten wie vormals bei Kanter. Kant freilich besuchte den Laden nicht oft, obwohl er nur wenige Schritte von seiner Wohnung entfernt war. Er ließ sich aber Nicolovius' Meßkataloge kommen und strich dann an, was er zu lesen wünschte — zu lesen und nicht zu kaufen. Dafür konnte Nicolovius aber seit 1790 alle selbständig erscheinenden Schriften Kants verlegen mit Ausnahme der „Kritik der Urteilskraft". Auch Nicolovius' Unternehmen war nicht von langer Dauer, doch begann der Niedergang erst nach den Befreiungskriegen, also ein Jahrzehnt nach Kants Tode.

Auch seinen letzten Verleger hat Kant vermutlich persönlich gekannt. Francois Theodor de la Garde (de Lagarde) war 1756 in Königsberg als Sohn eines Münzwardeins geboren, also eines Kollegen des Münzdirektors und Kantfreundes Johann Julius Göschen. Er erhielt 1783 ein Buchhandelsprivileg für Berlin und hatte eine Filiale in Libau, die Johann Daniel Friedrich 1755 gegründet hatte. Dieser Friedrich war Lehrling bei Kanter gewesen und von daher Kant und Hamann gut bekannt. So kam es, daß Lagarde 1790 Kants „Kritik der Urteilskraft" in seinen Verlag nahm, obwohl er sonst nur mathematische und naturwissenschaftliche Bücher und französische Literatur verlegte.

Daß Kiesewetter und Gentz in Berlin Korrektur lasen, ist an anderer Stelle dieses Buches erwähnt.

Schließlich wären noch die beiden letzten Werke Kants zu nennen, die nicht mehr von ihm, sondern von seinem Schüler Friedrich Theodor Rink herausgebracht wurden, die „Physische Geographie“ 1802 und die „Pädagogik“. Sie übernahm der Verlag von Göbbels und Unzer, der 1798 die Buchhandlung von Hartung aus dem Konkurs gekauft hatte und damit die Handlung von Kanter an der alten Stelle im Löbenicht weiterführte. So wurden die letzten Werke Kants die ersten des Verlages Gräfe und Unzer, der heute noch, wenn auch mit veränderter Zielsetzung, in München besteht.

Außer mit den genannten Verlegern hat Kant natürlich auch mit den Herausgebern der Zeitschriften, für die er Beiträge lieferte, in Verbindung gestanden, zum Beispiel mit Johann Erich Biester, dem Herausgeber der einflußreichen, „Berlinischen Monatsschrift“. Schiller, der ihn zweimal um Mitarbeit an seinen „Horen“ bat, hat er sich versagt.

Die Honorare, die Kant erhielt, gingen über das ihm befreundete Bankhaus Toussaint in Königsberg. Sie waren anfangs gering, wurden aber höher, als er ein berühmter Philosoph geworden war. Über sie gibt Franz Jünemann in einem Aufsatz im Börsenblatt des deutschen Buchhandels (1904) Auskunft.

KANTS WOHNUNGEN UND HAUSHALT

Das Grundstück Vordere Vorstadt 22 war schmal und tief, vorne ein vermutlich zweistöckiges Giebelhaus, dann ein kleiner Hof mit Speicher und Garten. In diesem Hause sind Kant und seine Geschwister geboren; in ihm hat die Familie bis 1733 gewohnt. Ein Bild ist nicht erhalten, ebensowenig von dem Neubau, den ein späterer Besitzer 1740/42 errichten ließ. Sowohl dieser Bau wie ein weiterer wurden Opfer der Flammen, und da auch die

Grundstücksgrenzen später bei Straßenverbreiterungen verändert wurden, ist von Kants Geburtshaus keine Spur geblieben.

Als Student wohnte Kant nicht mehr bei seinen Eltern, sondern mit einem Freunde, dem späteren Geheimem Finanzrat Wlömer, zusammen in einem Zimmer.

Als Kant nach der Hauslehrerzeit nach Königsberg zurückkehrte, wohnte er zunächst im Hause seines älteren Kollegen, des Philosophieprofessors Johann David Kypke, Köttelstraße 11, in dessen Wohnung er auch seine Vorlesungen hielt. In den folgenden Jahren hat Kant seine Wohnung mehrmals gewechselt. Nicht jede können wir heute noch lokalisieren, doch ist er immer in der Innenstadt geblieben. Er wohnte in der Magistergasse, die damals eine Professorenstraße war, wo er einen schönen Blick auf den Pregel hatte, ihm allerdings der Lärm, der von den Schiffen und Kähnen herkam, unangenehm wurde, dann im Kanterschen Hause, wo ihn das Krähen eines Hahnes störte, und am Ochsenmarkt (später Lindenstraße) in der Nähe der Holzbrücke.

Am bekanntesten geworden ist die Wohnung bei seinem Freunde, dem Buchhändler Kanter, in dem als Mietshaus wieder aufgebauten ehemaligen Löbenichtschen Rathaus. Er hatte in dem Hause eine Mansardenwohnung im zweiten Stockwerk und hielt dort auch seine Vorlesungen. Kant kann frühestens 1768, als Kanter dort seinen Laden einrichtete, die Wohnung bezogen haben. Wann er sie aufgegeben hat, wissen wir nicht genau. Im Adreßkalender für 1783 ist er als am Ochsenmarkt wohnhaft bezeichnet. Am 30. Dezember 1783 hatte er sich aber bereits ein Haus gekauft, und zwar von der Witwe des Porträtmalers Becker, Prinzessinstraße 3. Becker hatte es erst

1752 erworben, war aber 1782 gestorben, und Freund Hippel, der sein Haus in der Nähe hatte, hatte den Kauf vermittelt. Das Datum des Kaufvertrages steht fest, aber damit ist noch nicht gesagt, daß Kant das Haus sofort danach bezogen habe. Vielleicht hat die Witwe Becker noch ein Wohnrecht gehabt. Vermutlich hat sich Kant erst 1787, also im Alter von 63 Jahren, einen eigenen Junggesellenhaushalt eingerichtet, nach Wasianski sogar erst 1790. In diesem Haus hat Kant bis zu seinem Tode, also fast zwei Jahrzehnte gewohnt; in ihm ist er gestorben. Das Haus stand auf dem weitläufigen Gelände der ehemaligen Landhofmeisterei, das bis zum Schloß reichte, von diesem nur durch einen Wassergraben getrennt. Die Schloßstraße parallel zur Nordfront des Schlosses ist erst 1885 angelegt worden. Aus der Nähe des Ordensschlosses darf man nicht auf eine Affinität Kants zur Geschichte seiner Vaterstadt schließen. Kant hatte wie alle Rationalisten wenig Sinn für Geschichte. Dieser erwachte erst wieder in der Epoche der Romantik. Das Haus war bescheiden in seinen Ausmaßen wie in der Ausstattung. Links unten befand sich der Hörsaal, darüber das große Speisezimmer. Alle anderen Räume waren klein, unten die Wohnung der Köchin und ein Besucherzimmer, oben Kants Studierstube und das Schlafzimmer, irgendwo eine Kammer für den Diener. Außer einem kleinen angebauten Holzschuppen gehörten keine Wirtschaftsgebäude zum Hause. Kant hatte keinen Kutscher mit Wagen und Pferden. Da es noch keine öffentlichen Verkehrsmittel gab, ging er zu Fuß, sofern ihn nicht seine reichen Freunde in ihren Equipagen mitnahmen. Den hinter dem Hause gelegenen Garten hat Kant nur selten betreten. Der Philosoph, der die großen Kräfte der Natur erforschte, hatte keinen Sinn für die kleine Welt der Blumen und Kräuter. Der Diener Lampe gehörte als Faktotum zum Hause, zu vielem zu gebrauchen, aber weit entfernt von den Allüren und den Umgangsformen eines Schloßlakaien. Auf eine gute Köchin legte Kant, nachdem er so viele Jahre nur in Gasthäusern oder bei Freunden gespeist hatte, großen Wert, und er freute sich, als er 1794 eine Köchin erhielt, die vier Jahre lang in dem ihm befreundeten Hause Barckley gekocht hatte.

In den letzten Jahren seines Lebens war Kant ein wohlhabender Mann und keineswegs geizig, doch führte er einen bescheidenen Haushalt, und auch seine Tafel war nicht sonderlich üppig. Wir gewinnen ein gutes Bild von dem Hause, wenn wir Kants Tischgenossen Johann Gottfried Hasse das Wort geben. „Wenn man“, so sagt er, „sich seinem Hause näherte, kündigte alles einen Philosophen an. Das Haus war etwas antik, lag an einer zwar gangbaren, aber nicht befahrenen Straße und stieß mit der Hinterseite an Gärten und Schloßgräben sowie an das vielhundertjährige Schloß mit Türmen, Gefängnissen und Eulen. Im Frühling und im Sommer war die Gegend recht romantisch. Trat man in das Haus, so herrschte eine friedliche Stille, und hätte einen nicht die offene Tür, eine nach Essen riechende Küche, ein bellender Hund oder eine miauende Katze, Lieblinge seiner Köchin, mit der diese, wie Kant sagte, ganze Sermone hielt, eines andern überzeugt, so hätte man denken sollen, dies Haus sei unbewohnt. Stieg man die Treppe hinauf, so zeigte sich freilich der beim Tischdecken geschäftige Bediente; jedoch ging man durch das ganz einfache, unverzierte, zum Teil räucherige Vorhaus in ein größeres Zimmer, das die Putzstube vorstellte, aber keine Pracht zeigte. Ein Sofa, etliche mit Leinwand überzogene Stühle, ein Glasschrank mit einigem Porzellan und ein Bureau (Schreibschrank), das sein Silber und vorrätiges Geld enthielt, nebst einem Wärmemesser waren alle Möbel. Und so drang man durch eine ganz einfache armselige Tür in das ebenso armselige Sanssouci, zu dessen Betreten man beim Anpochen durch ein frohes ‚Herein' geladen wurde. Das ganze Zimmer atmete Einfachheit und stille Abgeschiedenheit von Geräuschen der Stadt und Welt. Zwei gemeine Tische, ein einfaches Sofa, etliche Stühle, worunter sein Studiersitz war, und eine einfache Kommode ließen in der Mitte einen langen Raum übrig, vermittelst dessen man zum Baro- und Thermometer kommen konnte, die er fleißig konsultierte. Hier saß der Denker auf seinem ganz hölzernen Halbzirkelstuhle wie auf einem Dreifuß, entweder noch am Arbeitstisch oder schon nach der Tür gekehrt, weil ihn hungerte und er seine Tischgäste sehnlich erwartete".

Der alte Professor Kant bereitete selbst den Senf, den er zu jeder Speise haben mußte

Nach einer zeitgenössischen Zeichnung

Erst im fortgeschrittenen Alter hielt Kant einen streng geregelten Tageslauf ein. Morgens um 5 Uhr stand er auf, im Sommer wie im Winter. Er kleidete sich an und rauchte zu einer Tasse Tee eine Pfeife, die einzige des Tages. Im Sommer um 7, im Winter um 8 Uhr begann die Vorlesung, die etwa bis 10 Uhr dauerte. Der Rest des Vormittags gehörte der Lektüre. Zu dem Mittagessen um 1 Uhr hatte er stets einige Freunde geladen, nur Männer — Frauen haben in seinem Hause nicht verkehrt, obwohl der Philosoph keineswegs ein Frauenfeind war. Das Essen war reichlich und einfach. Es zog sich bei lebhafter Unterhaltung mehrere Stunden hin, bis 4 oder 5 Uhr nachmittags. Wichtiger als das Essen selbst waren allen Teilnehmern die Gespräche, die dabei geführt wurden. Dann ging Kant spazieren, manchmal in Begleitung, aber meist allein, denn beim Gehen formten sich ihm die Gedanken. Er ging stets den Schloßberg hinunter, an der Altstädtischen Kirche, die damals noch auf dem Kaiser-Wilhelms-Platz stand, vorbei über die Krämer- und die Grüne Brücke zum Philosophendamm. Dieser mit Weiden bepflanzte Damm, den der Stadtpräsident v. Hippel zu einem in englischem Gartenstil gehaltenen Spazierweg umgestaltete, zog sich durch das offene Gelände der Pregelwiesen hin. Er ist nicht nach Kant benannt worden; der Name stammt wohl aus dem 17. Jahrhundert. Durch spätere Bebauung und durch Bahnanlagen ist das Gelände umgestaltet worden; nur ein Teil hat den Namen Philosophendamm behalten. Mit zunehmendem Alter bevorzugte Kant einen kürzeren Weg, der ihn über die Altstädtische Klapperwiese (später Holländer Baumstraße) ins Pregeltal brachte, und ganz zuletzt mußte er sich mit einem kurzen Spaziergang nach Königsgarten begnügen, der nur wenige Schritte von seiner Wohnung entfernt war. Er konnte nicht ahnen, daß auf diesem Platz später die neue Universität errichtet werden würde und neben ihr sein Denkmal.

Den Tag beschloß Kant mit Arbeit und Nachdenken, im Winter wie im Sommer am Ofen stehend, von dem aus er durch das Fenster den Turm der Löbenichtschen Kirche sehen konnte. Die Dämmerstunde zwischen Tageslicht und Dunkelheit nutzte Kant zum Nachdenken. Dann las er bei Kerzenlicht bis 10 Uhr und ging ohne Abendessen zu Bett. Ein Nachtarbeiter ist Kant nie gewesen, und auch abendliche Geselligkeit liebte er im Alter nicht mehr. Kants Wohn- und Sterbehaus wurde sofort nach dem Tode des Philosophen verkauft an einen Gastwirt Johann Ludwig Meyer. In der Gastwirtschaft versammelten sich die Freunde Kants zum jährlichen Gedächtnismahl, doch sonst erinnerte nichts mehr an den früheren Bewohner. 1836 erwarb das Haus aus der Zwangsversteigerung ein Zahnarzt Karl Gustav Döbbelin, der, wie an anderer Stelle erwähnt, eine Kant-Gedächtnis-Tafel anbringen ließ. Das Haus wurde aber nach wie vor gewerblich genutzt. Ein Teil des Gartens wurde als Prinzessinstraße 3 a abgetrennt und mit Geschäftshäusern bebaut. Döbbelins Erben verkauften das Haus 1881 an die benachbarte Firma Bernhard Liedtke, und diese ließ es 1893 abbrechen und errichtete dort einen Erweiterungsbau ihres Warenhauses. Wo Kant gelebt und gelehrt hatte, verkaufte man jetzt Glas und Porzellan. Bernhards Nachfolger Ernst Liedtke wurde Ehrenbürger der Albertina.

KANTS NACHFOLGER

Auf Kants Lehrstuhl wurde 1805 Wilhelm Traugott Krug berufen. Als Popularisator von Kants Lehre hat er sich verdient gemacht, doch gehörte er einer Generation an, die sich von der Aufklärung entfernte; er war Mitglied des Tugendbundes, Patriot und Kriegsfreiwilliger von 1813. Als er 1809 an die Universität Leipzig ging, hinterließ er in Königsberg keine große Lücke. Kant hat er persönlich nicht gekannt, aber er stand zu ihm in einer gewissen Beziehung durch Heinrich v. Kleist. Krug war von der Universität Frankfurt an der Oder nach Königsberg gekommen und mit Wilhelmine v. Zenge verheiratet, Kleists ehemaliger Braut. Kleist hatte damals in Frankfurt studiert und war durch Kants Lehre vom Ding an sich heftig erschüttert worden. Als Kleist das Ehepaar Krug in Königsberg besuchte, mag man sich auch über Kant unterhalten haben, doch wissen wir darüber nichts.
Von 1809 bis 1833 wirkte Johann Friedrich Herbart auf Kants Lehrstuhl. Als Pädagoge war er Anhänger Pestalozzis — die Zeit Basedows war vorbei. Inwieweit seine philosophische Lehre von Kant beeinflußt worden ist, kann hier nicht untersucht werden. Als er am 22. April 1810, an Kants Geburtstag, bei der Einweihung der Stoa Kantiana seine erste öffentliche Rede in Königsberg hielt, war er nicht nur Lobredner, sondern auch Kritiker Kants.
Als Herbart 1833 nach Göttingen ging, folgte ihm Karl Rosenkranz. Er war der dritte Nicht-Königsberger auf Kants Lehrstuhl: Krug war Sachse, Herbart Oldenburger, Rosenkranz in Magdeburg geboren. Er wirkte bis zu seinem Tode 1879 in der Stadt, die ihm zur zweiten Heimat geworden war. Wenn er in seiner Lehre auch kein

reiner Kantianer war, sondern eine Stellung etwa zwischen Kant und Hegel einnahm, hat er doch nie vergessen, was er seinem Lehrstuhl schuldig war. Zusammen mit seinem Kollegen, dem Historiker Friedrich Wilhelm Schubert, hat er 1838/40 die Werke Kants in zwölf Bänden herausgebracht — verlegt freilich nicht in Königsberg, sondern in Leipzig — und im 12. Band eine Geschichte der Kantischen Philosophie geschrieben. In seinen 1842 veröffentlichten „Königsberger Skizzen“ hat er ein Kapitel Kants Haus gewidmet. Daß er und Schubert sich um die Errichtung des Kantdenkmals verdient gemacht haben, ist an anderer Stelle erwähnt. Rosenkranz war damals Rektor der Albertina. Nach ihm ist erst 1934 wieder ein Philosoph Rektor geworden. Rosenkranz‘ Nachfolger, der Deutschbalte Julius Walter und der Niedersachse Albert Goedekemeyer, haben diese Würde nicht erreicht. Hans Heyse, Rektor 1934/35, der erste national-sozialistische Rektor, machte den Versuch, Kant für den Nationalsozialismus in Anspruch zu nehmen, um ihn dadurch vor der Verdammung zu retten. Auf Heyse folgte der junge Arnold Gehlen. Sein Plan einer neuen Kantausgabe wurde nicht verwirklicht, da er schon nach zwei Jahren nach Wien ging.

Der letzte Inhaber von Kants Lehrstuhl war Eduard Baumgarten seit 1940. Die Fakultät folgte seinem Vorschlag, den zweiten philosophischen Lehrstuhl mit einem Naturwissenschaftler zu besetzen — ganz im Sinne Kants —, und berief den Verhaltensforscher Konrad Lorenz. Beide beschäftigten sich in guter Zusammenarbeit mit Kant. Baumgarten sprach vor der Königsberger Kantgesellschaft über „Kantische Entdeckungen im Lichte gegenwärtiger Biologie“ und Lorenz über „Kants Lehre vom Raum, Zeit und Kausalität“.

So haben die Nachfolger Kants sich nicht damit begnügt, die Lehre ihres großen Vorgängers zu erläutern, sondern haben sie weitergeführt, ohne sich von ihrer Substanz zu entfernen.

KANT IM URTEIL SEINER ZEITGENOSSEN

Nach dem Urteil seines Biographen Jachmann war Kant „von Natur zur Fröhlichkeit geneigt. Er sah die Welt mit heiterm Blick an, faßte ihre erfreuliche Außenseite auf und trug gegenseitig seinen Frohsinn auf die Außenseite über“. „Er war ein wohltätiger Mann, stand gern mit Rat und Tat einem jeden bei, der seine Hilfe suchte, und die Zahl derer, welche sie suchten, war nicht klein“. Kant ist vieler Leute Gläubiger gewesen, aber selbst niemandes Schuldner.

Wie Kant sich in der Gesellschaft gab, berichtet ausführlich sein anderer Biograph, Wasianski.

„Kant vermied in großen Gesellschaften, selbst unter Gelehrten, Gespräche über eigentliche Schulgelehrsamkeit; am wenigsten hörte man ihn über Gegenstände seiner Philosophie argumentieren. Ich erinnere mich nicht, daß er je in der Gesellschaft eine von seinen Schriften angeführt oder sich auf ihren Inhalt bezogen hätte. Sein gesellschaftliches Gespräch, selbst wenn wissenschaftliche und philosophische Objekte der Gegenstand desselben waren, enthielt bloß faßliche Resultate, welche er aufs Leben anwandte. So wie er es verstand, geringfügige Dinge durch den Gesichtspunkt, in welchem er sie aufstellte, zu heben, so verstand er es auch, erhabene Vernunftideen durch ihre Anwendung aufs Leben zu dem Menschenverstande herabzuziehen. Es ist merkwürdig, daß der Mann, welcher sich so dunkel ausdrückte, wenn er philosophische Beweise aus den ersten Prinzipien herleitete, so lichtvoll in seinem Ausdrucke war, wenn er sich mit Anwendung philosophischer Resultate beschäftigte. In der Gesellschaft war der dunkle kritische Weltweise ein lichtvoller, populärer Philosoph. Er vermied ganz die Sprache der Schule und kleidete alle seine Gedanken in die Sprache des gemeinen Lebens. Er führte nicht schulgerechte Beweise, sondern sein Gespräch war ein Lustwandeln, das sich bald länger, bald kürzer bei verschiedenen Gegenständen verweilte, je nachdem er selbst und die Gesellschaft an ihrem Anblick Vergnügen fand.

Er war in seiner Unterhaltung besonders bei Tische ganz unerschöpflich. War die Gesellschaft nicht viel über die Zahl der Musen, so daß nur ein Gespräch am ganzen Tische herrschte, so führte er gewöhnlich das Wort, welches er aber sich nicht anmaßte, sondern welches ihm die Gesellschaft sehr gern überließ. Aber er machte bei Tische keineswegs den Professor, der einen zusammenhängenden Vortrag hielt, sondern er dirigierte gleichsam nur die wechselseitige Mitteilung der ganzen Gesellschaft. Einwendungen und Zweifel belebten sein Gespräch so sehr, daß es dadurch bisweilen bis zur größten Lebhaftigkeit erhoben wurde. Nur eigensinnige Widersprecher konnte er ebensowenig als gedankenlose Jaherrn ertragen. Er liebte muntere, aufgeweckte, gesprächige Gesellschafter, welche durch verständige Bemerkungen und Einwürfe ihm Gelegenheit gaben, seine Ideen zu entwickeln und befriedigend darzustellen".

„Seine gesellschaftlichen Gespräche wurden besonders anziehend durch die muntere Laune, mit welcher er sie führte, durch die witzigen Einfälle, mit welchen er sie ausschmückte, und durch die passenden Anekdoten, welche er dabei einstreute. In der Gesellschaft, wo Kant war, herrschte eine geschmackvolle Fröhlichkeit. Jedermann verließ sie bereichert mit Kenntnissen und neuen Ideen, zufrieden mit sich selbst und mit der Menschheit, gestärkt zu neuen Geschäften und gestimmt zur Beglückung seiner Mitmenschen.

In seinen jüngern Jahren hat Kant öffentliche Gasthäuser besucht und auch dort viele Unterhaltung gefunden. Er hat sich auch öfters hier sowie in Privatgesellschaften durch eine Partie L'hombre die Zeit verkürzt. Er war ein großer Freund dieses Spieles und erklärte es nicht allein für eine nützliche Verstandesübung, sondern auch, in anständiger Gesellschaft gespielt, selbst für eine Übung in der Selbstbeherrschung, mithin für eine Kultur der Moralität. Der freundschaftliche Umgang mit Green unterbrach dieses Spiel auf immer. Er hatte aber auch schon zuvor den Entschluß gefaßt es aufzugeben, weil er sehr rasch spielte und das Zögern der Mitspielenden ihm öfters Langeweile machte. Bis zu seinem dreiundsechzigsten Jahre hielt er für gewöhnlich seine Mittagstafel in einem Hotel, wo mehrere Männer von Stande, besonders angesehene Militärpersonen aßen, die sich auch größtenteils seinetwegen dort einfanden.

Außerdem aber wurde er bei vielen feierlichen Gelegenheiten und von sehr vielen angesehenen Bewohnern Königsbergs öfters eingeladen. In früheren Jahren hat er mit den Generalen von Lossow und von Meier auf einem besonders freundschaftlichen Fuß gelebt und vorzüglich an des letztern auserlesener Tafel sehr häufig die Versammlung geistreicher Männer vermehrt".

Treffend war die Charakteristik, die ein anonymer Freund Kants in der Todesanzeige in den „Königlichen Preußischen Staats-, Kriegs- und Friedenszeitungen" vom 13. Februar 1804 so formulierte:

„Königsberg 12. Februar.

Heute Mittags um 11 Uhr starb hier an völliger Entkräftung im 80sten Jahr seines Alters Immanuel Kant. Seine Verdienste um die Revision der speculativen Philosophie kennt und ehrt die Welt. Was ihn sonst auszeichnete, Treue, Wohlwollen, Rechtschaffenheit, Umgänglichkeit — dieser Verlust kann nur an unserm Orte ganz empfunden werden, wo also auch das Andenken des Verstorbenen am ehrenvollsten und dauerhaftesten sich erhalten wird".

Wir schließen mit dem ausführlichen Urteil Wilhelm v. Humboldts.

Humboldt hat Kant nie persönlich kennen gelernt, doch hatte er 1798 im Pariser Nationalinstitut einen Vortrag über die Kantische Philosophie gehalten. Nach Königsberg war er erst fünf Jahre nach Kants Tode gekommen als Reformer des preußischen Bildungs- und Schulwesens. Er scheint mit dem Freundeskreis Kants nicht in engere Beziehungen getreten zu sein. Wie treffend er aber Kant beurteilte, zeigt er in dem von ihm 1830 herausgegebenen Briefwechsel mit Schiller. Dort schreibt er: „Kant unternahm und vollbrachte das größeste Werk, das vielleicht je die philosophische Vernunft einem einzelnen Manne zu danken gehabt hat. Er prüfte und sichtete das ganze philosophische Verfahren auf einem Wege, auf dem er nothwendig den Philosophieen aller Zeiten und aller Nationen begegnen mußte, er maß, begränzte und ebnete den Boden desselben, zerstörte die darauf angelegten Truggebäude, und stellte, nach Vollendung dieser Arbeit, Grundlagen fest, in welchen die philosophische Analyse mit dem durch die früheren Systeme oft irregeleiteten und übertäubten natürlichen Menschensinne zusammentraf. Er führte im wahrsten Sinne des Worts die Philosophie in die Tiefen des menschlichen Busens zurück. Alles, was den großen Denker bezeichnet, besaß er in vollendetem Maße, und vereinigte in sich, was sich sonst zu widerstreben scheint; Tiefe und Schärfe, eine vielleicht nie übertroffene Dialektik, an die doch der Sinn nicht verloren ging, auch die Wahrheit zu fassen, die auf diesem Wege nicht erreichbar ist, und das philosophische Genie, welches die Fäden eines weitläufigen Ideengewebes, nach allen Richtungen hin, ausspinnt, und alle vermittelst der Einheit der Idee zusammen hält, ohne welches kein philosophisches System möglich seyn würde. Von den Spuren, die man in seinen Schriften von seinem Gefühl und seinem Herzen antrifft, hat schon Schiller richtig bemerkt, daß der hohe philosophische Beruf beide Eigenschaften (des Denkens und des Empfindens) verbunden fordert. Verläßt man ihn aber auf der Bahn, wo sich sein Geist nach Einer Richtung hin zeigt, so lernt man das Außerordentliche des Genie's dieses Mannes auch an seinem Umfange kennen. Nichts weder in der Natur, noch im Gebiete des Wissens läßt ihn gleichgültig. Alles zieht er in seinen Kreis; aber da das selbststhätige Princip in seiner Intellectualität sichtbar die Oberhand behauptet, so leuchtet seine Eigenthümlichkeit am strahlendsten da hervor, wo, wie in den Ansichten über den Bau des gestirnten

Himmels, der Stoff, in sich erhabner Natur, der Einbildungskraft unter der Leitung einer großen Idee ein weites Feld darbietet. Denn Größe und Macht der Phantasie stehen in Kant der Tiefe und Schärfe des Denkens unmittelbar zur Seite. Wie viel oder wenig sich von der Kantischen Philosophie bis heute erhalten hat, und künftig erhalten wird, maße ich mir nicht an zu entscheiden, allein dreierlei bleibt, wenn man den Ruhm, den Kant seiner Nation, den Nutzen, den er dem speculativen Denken verliehen hat, bestimmen will, unverkennbar gewiß. Einiges, was er zertrümmert hat, wird sich nie wieder erheben; Einiges was er begründet hat, wird nie wieder untergehen; und was das Wichtigste ist, so hat er eine Reform gestiftet, wie die gesammte Geschichte der Philosophie wenig ähnliche aufweist. So wurde die, bei dem Erscheinen seiner Kritik der reinen Vernunft, unter uns kaum noch schwache Kunde von sich gebende speculative Philosophie von ihm zu einer Regsamkeit geweckt, die den deutschen Geist hoffentlich noch lange beleben wird. Da er nicht sowohl Philosophie, als zu philosophiren lehrte, weniger Gefundenes mittheilte, als die Fackel des eigenen Suchens anzündete, so veranlaßte er mittelbar mehr oder weniger von ihm abweichende Systeme und Schulen, und es charakterisirt die hohe Freiheit seines Geistes, daß er Philosophieen, wieder in vollkommner Freiheit und auf selbst geschaffnen Wegen für sich fortwirkend, zu wecken vermochte“.

Wir schließen mit einem Wort von Rosenkranz: „Wie Moses in der Wüste die eherne Schlange aufrichtete, deren Anschaun die Kranken genesen machte, so können die Preußen nicht genug zu Kant aufschauen, den Torheiten und Lastern der Tagespolitik sich zu entreißen“.

KANTS GRABSTÄTTE

Vom Todestage am 12. bis zur Beerdigung am 28. Februar war Kants Leiche im Speisezimmer seiner Wohnung aufgebahrt. Dem fast zum Skelett ausgezehrten Körper konnte die Verwesung bei starkem Frost nichts anhaben. In ununterbrochenem Zuge zogen die Königsberger, die ihren berühmtesten Mitbürger noch einmal sehen wollten, am Sarge vorbei. Daß er berühmt war, wußten alle, warum er es war, wußten sicher nicht alle, aber das minderte die Verehrung nicht. Auch ein einfacher Soldat gab dem am Tage der Beerdigung bei klarem Frosthimmel Ausdruck, als er auf ein weißes Wölkchen zeigend bemerkte: „Das ist die Seele Kants, die zum Himmel fliegt". Den Sarg trugen 24 Studenten; im Zuge schritt das ganze Offizierkorps der Garnison neben Tausenden von Bürgern. Der Senat der Universität erwartete den Zug im Dom. Die Glocken läuteten, die Kirche war durch zahlreiche Kerzen erhellt, Choräle erklangen, Studenten hielten Ansprachen, doch wurde die Leiche nicht von einem Geistlichen eingesegnet, auch in der Professorengruft nicht, obwohl Kant nicht etwa aus der Kirche ausgetreten war. Die akademische Feier fand nicht im Dom statt, sondern erst zu Kants Geburtstag, und da dieser auf einen Sonntag fiel, am Tage vorher, also am 21. April im auditorium maximum der Albertina. Die Gedenkrede hielt der Professor Samuel Gottlieb Wald, der neben vielen Ämtern auch das eines Oberinspektors des Friedrichskollegiums bekleidete, also dem größten Schüler seiner Schule den Nachruf hielt.

Daß Kant in der Professorengruft des Doms beigesetzt wurde, war kein postumes Bekenntnis zur christlichen

Kirche, sondern eine Sache des Standes. Eine Begräbnisstätte der Familie Kant gab es nicht. Kants Eltern sind vermutlich auf dem Domfriedhof beerdigt worden, doch wissen wir das nicht mit Sicherheit, und der Philosoph scheint sich um die Grabstätten auch nicht gekümmert zu haben, zumal dieser Friedhof bereits 1785 aufgelassen und ein neuer auf dem Haberberg angelegt wurde.

Der Königsberger Dom war die Gemeindekirche des Kneiphofs, aber zugleich die Kirche der Universität, gewissermaßen in Nachfolge des Domkapitels, auf dessen Grund 1544 die Albertina gegründet worden war. Im Dom hatten die Professoren einen eigenen Stand und freies Begräbnis. Auch dafür hatten sie einen eigenen Stand, nicht im Innern der Kirche, sondern in einem Gewölbe, das 1587 an die nördliche Langseite des Doms angebaut worden war. Kant ist als letzter in diesem Gewölbe beigesetzt worden. Nach ihm wurde es geschlossen. Kants Grab hat eine wechselvolle und keineswegs durchweg rühmliche Geschichte. Da sich niemand um das Professorengewölbe kümmerte, begann es zu verfallen, bis Kants Tischgenosse, der Kriegsrat Johann George Scheffner, unterstützt von dem Kriminalrat Johann Friedrich Brand, dem Baurat Valerian Müller und dem Buchhändler Friedrich Nicolovius, im Jahre 1809 den Plan faßte, das Gewölbe in eine Wandelhalle umzubauen, in der sich die Studenten der Universität auch bei schlechtem Wetter ergehen könnten. Es ist bemerkenswert, daß der seit langem behaglich und rührig im Ruhestand lebende Scheffner — er war damals 73 Jahre alt — in einer Zeit ans Werk ging, als Preußen zwei Jahre nach dem Tilsiter Frieden politisch machtlos war. Die Mittel für die Halle, einen schlichten Zweckbau, wurden von privater Seite aufgebracht. Am Ende des etwa 40 Meter langen Ganges wurde Kants Sarg abermals beigesetzt, über der Grabstätte ein Distichon angebracht, dessen Hexameter von Scheffner verfaßt war und der Pentameter von dem jungen — 34 Jahre alten — preußischen Staatsrat Johann Wilhelm Süvern. Es lautete:

Hier, von Geistern umschwebt ehrwürdiger Lehrer der Vorzeit, Sinne, daß, Jüngling, auch Dich rühme noch spätes Geschlecht!

Über dem in den Boden versenkten Sarge wurde die Büste aufgestellt, die der Baurat Valerian Müller bei Schadow bestellt und die, wie gesagt, dessen Schüler Hagemann gefertigt hatte. Die Wandelhalle erhielt den Namen STOA KANTIANA und wurde am 22. April 1810, am Geburtstage des Philosophen, mit einem Universitätsakt eingeweiht, bei dem Kants zweiter Nachfolger auf dem Lehrstuhl, Johann Friedrich Herbart, die Festrede hielt, die erste öffentliche Ansprache Herbarts in Königsberg — er war erst ein Jahr in dieser Stadt.

Nicht sehr viele Studenten werden den Sinnspruch der Stoa Kantiana in sich aufgenommen haben, denn die Universität bezog 1862 den Neubau auf dem Paradeplatz, und die Wandelhalle verfiel, da wohl niemand für ihre Erhaltung so recht zuständig war. Im Reichsgründungsjahr 1871 bildete sich unter dem Vorsitz des Oberlehrers Carl Witt ein Komitee, das dem Philosophen eine neue würdige Grabstätte bereiten wollte, doch erst im Juni 1880 hob eine Kommission von Gelehrten unter dem Vorsitz des Professors Johannes Wilhelm Heydeck, der Maler war, sich aber auch an prähistorischen Ausgrabungen mit Eifer beteiligte, die Gebeine Kants. Heydeck identifizierte den Schädel, ließ einen Abguß machen und hielt den Vorgang der Grabung in einem Bilde fest. Über der Grabstätte wurde eine Kapelle in neugotischem Stil von einem Baumeister Paarmann errichtet und in ihr wurden die Gebeine Kants am Totensonntag des Jahres 1881 abermals beigesetzt. Die Wandelhalle mußte 1898 wegen Baufälligkeit abgebrochen werden. Die Kapelle blieb stehen, doch wiederum geschah nichts zu ihrer Pflege. Als in den Jahren 1905/07 der Dom unter der Aufsicht des Provinzialkonservators renoviert wurde, dachte man daran, Kants Gebeine im Innern des Gotteshauses beizusetzen, doch fand dieser Plan so heftigen Widerspruch, daß man ihn fallen ließ. So überdauerte die baufällig werdende Kapelle den Ersten Weltkrieg. Erst als die große internationale Kantfeier des Jahres 1924 näher rückte, entschloß man sich, diesen unwürdigen Zustand zu beenden. Die Mittel für einen Neubau kamen wiederum weder vom Staat noch von der Kirche. Sie kamen von Hugo Stinnes, der damals mit seinem Riesenkonzern auch das Wirtschaftsleben Ostpreußens beherrschte. Schöpfer des neuen Grabmals war Friedrich Lahrs, Architekturprofessor an der Königsberger Kunstakademie. Ihm gelang ein Meisterwerk, in dem er die Bauformen seiner Zeit mit denen der Ordensgotik sowohl in der Gliederung wie in der Farbe in glücklicher Weise vereinigte. Der steinerne Sarg unter dem offenen Pfeilerbau war ein Kenotaph. Kants Gebeine ließ man dort, wo sie lagen.

Bei dem großen akademischen Festakt im Dom am 22. April sprach nicht der Inhaber des Kantschen Lehrstuhles, sondern der berühmte Professor Adolf v. Harnack. Die Einweihung des Grabmals nahm bei Sturm und Regen der Oberbürgermeister Dr. Hans Lohmeyer vor. Er nahm das Mal in die Obhut der Stadt Königsberg. Nur wenig mehr als zwei Jahrzehnte blieb es in dieser Obhut. Im Feuersturm des britischen Bombenangriffs auf Königsberg in der Nacht vom 26. zum 27. August 1944 brannte der Dom aus. Das Grabmal blieb unversehrt. Die letzte Reverenz erwiesen die Königsberger ihrem großen Mitbürger, als der Leiter des Friedrichskollegs, dessen Schüler Kant gewesen war, der Oberstudiendirektor Professor Dr. Bruno Schumacher, der damals Bohnenkönig der Gesellschaft der Freunde Kants war, am 12. Februar 1945, dem Todestag des Philosophen, sich mit zwei Begleitern einen Weg durch die Trümmerwüste bahnte und am Grabmal einen Kranz niederlegte.

Es ist ein schwacher Trost, daß die Sowjets, denen die deutsche Geschichte Kaliningrads gleichgültig ist, das Grabmal Kants an der ausgebrannten Domruine erhalten, da sie Kant als einen fortschrittlichen Philosophen, der er ja auch wirklich gewesen ist, anerkennen und daß russische Besucher dem großen Königsberger auch heute ihre Reverenz erweisen.

Den Königsbergern und den Kantfreunden aus aller Welt ist diese Stätte nicht zugänglich. Kaliningrad ist eine „verbotene Stadt".

DIE GESELLSCHAFT DER FREUNDE KANTS

Als der Königsberger Kunstmaler und Gymnasialzeichenlehrer Emil Dörstling im Jahre 1893 von dem Kommerzienrat und Bankier Walter Simon den Auftrag erhielt, „Kants Tafelrunde" zu malen, vereinigte er auf dem Bilde acht Freunde Kants um einen Tisch in dessen Hause. Sowohl in der Zahl wie in der Auswahl der dargestellten

Personen machte er von der poetischen Freiheit eines Historienmalers Gebrauch. Kant hatte nur drei oder vier Mittagsgäste, und mehr als fünf konnten es schon deshalb nicht sein, weil er nicht mehr als sechs Bestecke besaß und der Tisch nicht mehr Gästen Platz bot. Das Gemälde befand sich zuletzt im Stadtgeschichtlichen Museum und ist seit 1944 verschollen. Es ist aber oft abgebildet worden und in der Abbildung heute noch gegenwärtig.

Die Freunde und Tischgenossen Kants versammelten sich an seinem Todestage, später an seinem Geburtstage zu einem Gedächtnismal, anfangs in Kants Haus, dann in einer Gaststätte. Man gedachte des Toten und sprach über ihn. Aus dieser losen Vereinigung entwickelte sich die „Gesellschaft der Freunde Kants". Sie ist nicht zu verwechseln mit der 1904 von Vaihinger in Halle gegründeten Kantgesellschaft. Die „Freunde" waren keine Philosophen und beabsichtigten auch nicht, eine Zeitschrift oder ein Jahrbuch herauszugeben, sondern beschränkten sich auf das Gedächtnismahl und legten am Todestage Kants einen Kranz an dessen Grabe nieder. Als die Zeitgenossen Kants wegstarben, einer der letzten war der Oberpräsident Theodor v. Schön, der sich mit großem Stolz als Schüler Kants bezeichnete, ergänzte sich die Gesellschaft durch Berufung neuer „Freunde", doch blieb sie auf Königsberg beschränkt und zählte nie mehr als einige Dutzend Männer des geistigen Lebens; Frauen gehörten ihr ebenso wenig an, wie sie zu Kants Tischgästen gehört hatten. Angeregt hatte das jährliche Mahl der Arzt William Motherby, und dessen Freund, der große Astronom Friedrich Wilhelm Bessel, der erst einige Jahre nach Kants Tode von Wilhelm v. Humboldt an die Königsberger Universität berufen worden war, aber den

Astronomen Kant sehr schätzte, regte beim Mahle 1812 an, in die Torte, die zum Schluß gereicht wurde, eine Bohne einzubacken, und wer diese Bohne in seinem Stück fände, sollte „Bohnenkönig" des nächsten Jahres sein. Bei jedem Mahl wurde eine Rede zum Gedächtnis Kants gehalten, und es bürgerte sich ein, daß diese Aufgabe dem jeweiligen Bohnenkönig zufiel. So wurden die „Bohnenreden" zu kleinen wissenschaftlichen Vorträgen über Themen, die mit Kant in Zusammenhang standen.

Die Bohnenmahle oder Kantessen — beide Ausdrücke wurden üblich — waren unpolitisch, doch konnten sich die Teilnehmer dem Zeitgeist nicht entziehen, besonders in bewegten Zeiten. Der Bohnenkönig des Revolutionsjahres 1848 war Eduard Simson, der des Jahres 1849 Carl Rosenkranz. Da dieser im April in Berlin war, hielt an seiner Stelle die Bohnenrede Karl Lehrs; er sprach über „Die Philosophie und Kant gegenüber dem Jahre 1848". Vorher hatte die Tischrunde ein Gedicht von August Hagen gesungen mit dem Refrain „Kant soll auf ew'ge Zeiten der deutsche Kaiser sein". Alle vier, Simson, Rosenkranz, Lehrs und Hagen, waren Professoren der Albertina, einig in der Hoffnung, daß ein liberales Deutsches Reich die alte Kleinstaaterei überwinden werde. Das Bohnenmahl fand am 22. April statt, also in der Zeit zwischen dem Empfang der Abordnung des Frankfurter Parlaments mit Simson an der Spitze durch Friedrich Wilhelm IV. am 3. und der endgültigen Ablehnung der angebotenen Kaiserkrone am 28. April. Es war Lehrs nicht schwer gefallen, eine Verbindung zwischen Kant und der Demokratie herzustellen. Eine Brücke von Kant zum Traum vom Deutschen Kaiser zu schlagen, blieb dem Poeten Hagen vorbehalten. Der Traum verflog eine knappe Woche, nachdem das Lied in Königsberg gesungen worden war. Die Gesellschaft der Freunde Kants blieb weiter bestehen.

Die Gesellschaft nahm an Mitgliedern zu, doch ging deren Zahl nie über 90 hinaus. An den Bohnenmahlen nahmen 30 bis 40 Mitglieder teil, in den Jahren der beiden Weltkriege natürlich weniger. Nur einmal wurde das Mahl zu einer Großveranstaltung ausgeweitet, im Kantjahr 1924. Da sich zu den Feiern zu Kants 200. Geburtstag Gelehrte aus aller Welt in Königsberg versammelt hatten, fand das Bohnenmahl im Krohnesaal der Stadthalle statt mit einigen hundert Gästen. Die Bohnenrede hielt der Professor Rudolf Unger, einer der Germanisten der Universität. Den NS-Größen war Kant fremd, doch ließen sie die Gesellschaft gewähren. Das letzte Bohnenmahl hielt sie im Jahre 1944 ab. Am 22. April 1945 befand sich Königsberg bereits in der Gewalt der Sowjets. Mit dem Ende Königsbergs schien auch das Ende der Gesellschaft der Freunde Kants gekommen zu sein. Es war der Tatkraft des letzten Kurators der Albertus-Universität Friedrich Hoffmann zu danken, daß er an seinem neuen Wohnort Göttingen die Gesellschaft im Zusammenhang mit dem „Göttinger Arbeitskreis ostdeutscher Wissenschaftler“ wieder belebte. Schon am 22. April 1947 versammelte er einen kleinen Kreis von Kantfreunden in seiner Wohnung, und von da ab haben die Bohnenmahle regelmäßig stattgefunden, meist in zeitlichem Zusammenhang mit der Jahrestagung des Göttinger Arbeitskreises und seines Beirates. Bohnenkönig des Kantjahres 1974 ist Professor Gerhard Funke, Ordinarius der Universität Mainz und Präsident des Internationalen Kantkongresses 1974.

KÖNIGSBERG ZUR ZEIT KANTS

Die Stadt Königsberg, wie Kant sie 80 Jahre lang erlebte, ist aus mehrfacher Wurzel erwachsen. Am Anfang stand die Burg, 1255 von den Deutschordensrittern auf einer Anhöhe über dem Pregeltal gegründet und nach dem König Ottokar II. von Böhmen, dem vornehmsten Teilnehmer des Kreuzzuges, auf dem das Samland unterworfen wurde, benannt. Namenspatron von Burg und Stadt ist dieser deutsche Reichsfürst tschechischer Abstammung bis zum Jahre 1945 geblieben. Zur Burg gehörten einige, nördlich und ostwärts von ihr gelegene, von Prußen bewohnte Freiheiten, die Burgfreiheit, der Tragheim, der Roßgarten (später Altroßgarten genannt) und der Sackheim, dazwischen die Neue Sorge, durch die der Weg zum Ordensvorwerk Kalthof führte, zu dem die Bewohner dieser Freiheiten scharwerkspflichtig waren.

Erst nach der vollständigen Unterwerfung des Preußenlandes wurden drei Städte neben der Burg am Pregel gegründet, die Altstadt 1286 mit den Freiheiten Laak, Lomse, Steindamm und Neuroßgarten, der kleine Löbenicht 1300 mit der Freiheit Anger oder Steegen, 1327 der Kneiphof auf einer Pregelinsel mit den Freiheiten südlich des Flusses, Vordere und Hintere Vorstadt und Haberberg. Zwei achsiale Straßenzüge durchzogen die Dreistadt, die Süd-Nord-Achse von der Weichsel her über die Vorstädtische und Kneiphöfsche Langgasse und den Steindamm zur samländischen Bernsteinküste, die West-Ost-Achse durch die Altstädtische und die Löbenichtsche Langgasse und den Sackheim nach Litauen. Dazwischen führte ein Weg über den Altroßgarten durch das Samland und über die Kurische Nehrung nach Kurland. Trotz dieser zu gemeinsamem Handeln herausfordernden Struktur führte jede der drei Städte ihr Eigenleben mit eigenem Rat und Gericht, nur je einer Stadtkirche — erst später wurden Kirchen auf den Freiheiten erbaut —, mit eigenen Mauern und Toren. Sie waren nicht mehr Symbol bürgerlicher Selbstherrlichkeit und Wehrhaftigkeit, sondern engten den Bürgersinn auf kleinlichen Egoismus ein. Die Streitigkeiten der drei Städte untereinander, besonders auch um die sieben Pregelbrücken, machten bis in die Zeit Kants hinein einen großen Teil des Geschehens in der Gesamtstadt aus.

Es gab aber drei Dinge, die über den kleinstädtischen Eigennutz hinaus alle Königsberger angingen, den Hafen, die Albertina und die Umwallung. Die Wasserstraße des Pregels war Eigentum des Landesherrn, doch hatten Altstadt und Kneiphof ihre Anteile am Hafen. Die Albertina, 1544 von Herzog Albrecht auf früher domkapitularem Boden gegründet, war eine landesherrliche Universität, deren Strahlkraft weit über die Landesgrenzen hinausreichte. Sie lag auf dem östlichen Teil der Kneiphofinsel, der stets einen geistlichen Bezirk gebildet hatte, und der Dom, die alte bischöfliche Kathedrale, war Gemeindekirche des Kneiphofs und Universitätskirche zugleich. Die Professoren hatten in ihm einen eigenen Kirchenstand. Die Umwallung, 1626/27 in der Schwedenzeit geschaffen, war ein Gemeinschaftswerk des Herzogs und der drei Städte; sie umspannte die Gesamtstadt, den Burgbezirk, die drei alten Städte und sämtliche Freiheiten.

Der mittelalterliche Bürgersinn war erloschen. Geblieben waren Cliquenwirtschaft, Gruppenegoismus und Eigennutz. Der Fortschritt ging in jeder Beziehung von der

kurfürstlichen, seit 1701 königlichen Verwaltung aus, deren Behörden und Gerichte sich im Schloß befanden. Unter ihrem Schutz lebten fremde Kaufleute, Holländer, Franzosen, Schotten, Engländer, auch Juden, von den eingesessenen Kaufleuten scheel angesehen. Die Verwaltung der drei Städte war organisatorisch rückständig, liederlich in der Finanzwirtschaft, bis der rechnerisch-sparsame König Friedrich Wilhelm I. sich 1724 — in Kants Geburtsjahr — entschloß, sie gründlich zu sanieren und zu rationalisieren. Am 28. August 1724 — Emanuel, so war er getauft, war erst wenige Monate alt — wurden die drei Städte Königsberg vereinigt. Fortan gab es nur einen Bürgermeister, bzw. Stadtpräsidenten, einen Rat und ein Gericht. Außerhalb der kommunalen Verwaltung blieb nur die Burg mit ihren Freiheiten.
Königsberg war eine große Stadt, mit ihren 40 000 Einwohnern doppelt so volkreich wie das damalige Berlin. Das Stadtbild trug aber noch viele mittelalterliche Züge. Die meisten Straßen waren eng und nicht alle geflastert. Die Häuser standen mit den Giebeln zur Straße und engten diese mit ihren Beischlägen ein. Eine Straßenbeleuchtung wurde erst 1731 eingeführt, doch machten die 1241 Öllampen nicht viel aus, zumal sie nur vom 1. September bis Ende April angesteckt wurden. Die Straßenreinigung war mangelhaft. Wasser holte man aus Haus- oder aus Röhrenbrunnen. Mangelhaft war auch der Feuerschutz, obwohl er nach allen Großbränden verbessert wurde. Kant hat die Stadtbrände von 1764, 1769 und 1775 erlebt. Nicht die ganze Fläche innerhalb der Umwallung war mit Häusern besetzt. Zwischen den Straßen und dem Wallring erstreckten sich landwirtschaftlich genutzte Flächen. Dort befanden sich auch gewerbliche An-

lagen, Wassermühlen, Gerbereien, Holzlagerplätze und am Hafen Schiffswerften, Packhäuser, die Anlagen der Akzise (Zollbehörde) und die schmalen, hochgiebligen, eng aneinander gebauten Speicher, die zum Bilde jeder Hansestadt gehören.

Es hat lange gedauert, bis aus der Notgemeinschaft von 1724 eine Gesinnungsgemeinschaft aller Königsberger wurde, doch die Vorteile überzeugten allmählich auch die Widerstrebenden. Die Eigenarten der Stadtteile blieben dem Kenner bis zum Ende Königsbergs spürbar, aber das Trennende schwand, damit leider auch die alten Mauern, die die drei Städte immer noch trennten. Kant hat es erlebt, wie die alten Stadttore nach und nach abgebrochen wurden, weil sie den Verkehr behinderten, und er hat kein Wort darüber verloren. Nur das schönste, das Grüne Tor zwischen dem Kneiphof und der Grünen Brücke, blieb bis 1864 erhalten. Kant hat es auf seinen Spaziergängen oft durchschritten und von der Grünen Brücke, dieser Naht zwischen Binnen- und Außenhafen, einen freien Blick auf den Hafen, die Schlagader der Königsberger Wirtschaft, genossen.

Die Albertina lag am Nordrand der Kneiphofinsel, zwischen ihr und dem Dom der Friedhof der Domgemeinde, der erst 1785 geschlossen wurde. Sie hatte nur zwei Gebäude. Das Collegium bestand aus zwei rechtwinklig aneinanderstoßenden Flügeln. In ihm befand sich die Aula; später wurden die Stadtbibliothek und das Stadtarchiv in diesem Gebäude untergebracht. Das zweite Haus, das Albertinum, war hauptsächlich Studentenheim mit dem Freitisch für die ärmeren Studenten. Es gab nur ein Institut außerhalb der Universität, das Anatomische Theater auf dem Weidendamm. Die königliche Bibliothek, aus der

Die alte Königsberger Universität — Albertina — und der Dom vom Pregel umflossen

herzoglichen Schloßbibliothek hervorgegangen, befand sich im Südflügel des Schlosses in zwei Räumen neben dem Turm. Sie war seit 1724 den Studenten zur beschränkten Benutzung frei gegeben. Der Raumbedarf einer Universität des 18. Jahrhunderts läßt sich nicht im entferntesten mit dem einer modernen Hochschule vergleichen. Die Zahl der Dozenten war klein, die der Studenten lag um 300. Die meisten Professoren lasen in ihren Wohnungen, so auch Kant. Die Aula (auditorium maximum) wurde nur zu Festakten benutzt.

Königsberg war nach dem Urteil Scheffners ein „zeitvertreibender Ort", und wer meint, daß der in der Geselligkeit aufgehende alte Kriegsrat hier aus eigener Erfahrung subjektiv geurteilt habe, den möge der Ausspruch Kants überzeugen (in der Vorrede zu seiner Anthropologie): „Eine große Stadt, der Mittelpunkt eines Reiches, in welchem sich die Landesbehörden befinden, die eine Uni-

versität zur Kultur der Wissenschaften und dabei noch die Lage zum Seehandel hat, welche durch Flüsse im Innern des Landes sowohl mit angrenzenden als auch mit entlegenen Ländern von verschiedenen Sprachen und Sitten einen Verkehr begünstigt — eine solche Stadt wie etwa Königsberg am Pregelflusse kann schon für einen schicklichen Platz zur Erweiterung sowohl der Menschenkenntnis als auch der Weltkenntnis genommen werden, wo diese, auch ohne zu reisen, erworben werden kann."
Die vielfältige bürgerliche Geselligkeit mit Vereinen, Bällen, Stiftungsfesten und Stammtischen gab es zur Zeit Kants noch nicht. Das gesellschaftliche Leben spielte sich an den Mittagstafeln der Gasthöfe und in den Häusern des Adels, der Beamten und der Kaufleute ab und in den beiden Logen. Fast alle Freunde Kants waren Logenbrüder, Kant nicht. Er fürchtete von der Freimauerei einen Einbruch der Mystik und Schwärmerei in die reine Luft der Aufklärung. So schrieb er am 3. Februar 1784 an Plessing: „Von welcher Seite die Gefahr einer wieder einbrechenden Schwärmerey und Unwissenheit drohen möge, kann ich nicht erraten, es müßten denn einige Logen sein, wo mir aber die Gefahr nicht sonderlich groß zu sein scheint." Bei den beiden Königsberger Logen, der „Dreikronenloge" und der „Zum Totenkopf und Phönix" war diese Gefahr wirklich nicht groß. Rosenkreuzer und Illuminaten, die in anderen Städten von Bedeutung waren, hat es in Königsberg nicht gegeben. Die Abneigung Kants gegen die damals blühende Freimauerei war demnach grundsätzlich, nicht in Königsberger Erfahrungen begründet.
Schwerer zu verstehen ist, daß Kant auch der angesehenen, 1741 begründeten „Königlichen Deutschen Gesell-

schaft“ nicht angehörte. In dieser Gesellschaft, die bis 1945 bestanden hat, sammelte sich so etwas wie die geistige Elite der Stadt. Kant mochte eben überhaupt nicht Vereinigungen mit Satzungen, Mitgliedschaft und Verhaltensregeln. Als Vorsitzenden oder Schriftführer eines Vereins können wir uns den Philosophen auch nicht vorstellen. Daß er am gesellschaftlichen Leben Königsbergs sonst regen Anteil nahm, wird an anderer Stelle ausgeführt werden.

KANTBÜSTEN

Drei Kantbüsten sind noch zu Lebzeiten des Philosophen entstanden. Josef *Mattersberger* (1754—1825), in Tirol gebürtig, Professor an der Kunstschule in Breslau, hatte vermutlich bei einem Aufenthalt in Königsberg 1790 eine Zeichnung Kants angefertigt und schuf nach ihr 1795 eine Gipsbüste, die er Kant verehrte. Sie kam in den Besitz von Rosenkranz und aus dessen Nachlaß 1879 in die Universitätsbibliothek. Zuletzt war sie im Stadtgeschichtlichen Museum. Sie ist zerstört.

Der Kantfreund Baurat Valerian Müller bestellte eine Kantbüste bei Schadow. Dieser schickte seinen Gehilfen Carl Gottfried *Hagemann* (1773—1806) im Januar 1801 nach Königsberg, um Kant aufzunehmen. Nicht Schadow, sondern Hagemann hat nach diesem Modell die Büste in Mamor ausgehauen, doch schuf Schadow nach dem Hagemannschen Modell eine zweite Kantbüste für die Regensburger Walhalla. Müller übergab die Büste 1804 wenige Tage nach Kants Beisetzung dem akademischen Senat, der sie in der Stoa Kantiana aufstellen ließ. 1820 kam sie von dort in das Auditorium maximum der alten, 1862 in das Senatszimmer der neuen Universität. Der Chirurg Professor Oskar Ehrhardt, der nach der Eroberung der Stadt durch die Sowjets in Königsberg geblieben war, fand sie nur wenig beschädigt im Schutt des Universitätsgebäudes und brachte sie in sein Zimmer im Elisabeth-Krankenhaus in der Ziegelstraße. Bei seinem Abtransport aus Königsberg 1948 konnte er sie nicht mitnehmen. Das weitere Schicksal der Büste ist unbekannt. Auf Bestellung des Kantverehrers v. Heß in Hamburg fertigte Hagemann ein Doppel der Büste. Sie kam in die Hamburger Kunsthalle, wo sie sich noch heute befindet. Einen Gipsabguß besitzt das „Haus Königsberg" in Duisburg.

Die Hagemannsche Büste diente dem in Königsberg geborenen Bildhauer Rudolf *Siemering* (1835—1905) als Vorlage für zwei Kantbüsten aus Marmor. Die eine befand sich in der Königsberger Stadtbibliothek, zuletzt im Stadtgeschichtlichen Museum, die andere wurde 1892 in der Aula des Friedrichskollegiums, Kant-Schule, aufgestellt als Stiftung ehemaliger Schüler. Beide Büsten sind im Kriege zerstört worden.

Emanuel *Bardou* (1744—1818), in Basel geboren, Mitglied der Preußischen Akademie der Künste, modellierte 1798 eine Kantbüste, wahrscheinlich bei einem Aufenthalt in Königsberg. Das wechselhafte Schicksal dieser Büste ist nicht in allen Stadien zu verfolgen. Sie war vermutlich im Besitz Rauchs und seines Schwiegersohnes, des Anatomieprofessors d'Alton, stand unerkannt jahrelang in einem Garten, Wind und Wetter ausgesetzt, tauchte 1922 in Berlin auf und wurde vom Kaiser-Friedrich-Museum angekauft und restauriert. Sie befindet sich heute in den Staatlichen Museen in Berlin-Dahlem. Ein Gipsabguß kam 1925 in das Stadtgeschichtliche Museum in Königsberg und ist zerstört. Einen Bronzeabguß schenkte die Landsmannschaft Ostpreußen 1961 der Stadt Duisburg, der Patenstadt Königsbergs. Sie steht dort heute im Kantpark. Einen anderen Abguß besitzt das „Haus Königsberg“ in Duisburg.

Mehr als ein Jahrhundert verging, bis sich drei Bildhauer wieder an eine Kantbüste heranwagten, zwei noch in Königsberg, der dritte nach 1945.

Der in Königsberg geborene Bildhauer Walter *Rosenberg* (1882—1945) schuf 1927 eine Erzbüste Kants für den Erweiterungsbau der Universität, Hans *Wissel* (1897 bis 1948), seit 1933 Professor an der Königsberger Kunstakademie, 1945 eine Kantbüste, die als Gipsmodell in seinem Atelier zurückblieb, als er die Stadt verlassen mußte. Beide Büsten sind verschollen.

Der 1898 in Ostpreußen geborene Bildhauer Georg *Fuhg* hat in seinem Wohnort Neumünster eine Kantbüste geschaffen, von der mehrere Bronzeabgüsse existieren: im Haus des deutschen Ostens in Düsseldorf, in den Kantgymnasien in Neumünster und Bad Oeynhausen. 1973 schenkte die Gemeinschaft der ehemaligen Friderizianer einen weiteren Abguß ihrer Patenschule, dem Landfermanngymnasium in Duisburg.

KANTBILDNISSE

Über die Kantbildnisse unterrichtet die 1924 anläßlich des Kantjahres in Königsberg erschienene sorgfältige Untersuchung des damaligen Privatdozenten für Kunstgeschichte Carl Heinz Clasen. Ihre Ergebnisse zu wiederholen ist leider insofern überflüssig geworden, als fast alle Kantbildnisse heute verloren sind. Von den Porträts, die sich in Königsberg befanden, ist nur eines erhalten geblieben, dasjenige aus der Gruppe der Beckerschen Bilder, das sich im Besitz der Buchhandlung Gräfe und Unzer befand. Becker hat es 1768 für den Buchhändler Kanter gemalt, und heute befindet es sich im Besitz der Nachfolgefirma Gräfe und Unzer in Bad Wiessee.

Erwähnt werden muß das Schicksal des Porträts von Döbler (Döpler). Dieser sonst in der Kunstgeschichte völlig unbekannte Maler hat Kant vermutlich, wie andere reisende Künstler, auf der Durchreise 1791 porträtiert. Das Bild befand sich bis 1933 in der Loge zum Totenkopf und Phönix. Wie und wann es dorthin gekommen ist, ist unbekannt. Beim Sturm auf die Logen im Frühjahr 1933 wurde das Bild gestohlen und tauchte später im Besitz des damaligen Kirchenministers Hans Kerrl wieder auf. Da der Logensitz (widerrechtlich) vom Staate beschlagnahmt worden war, war das Bild damals Staatsbesitz, und die Stadt Königsberg bemühte sich, es von Kerrl zu erhalten. Dieser lehnte ab mit der Behauptung, das Bild sei sein Privatbesitz. Nach Kerrls Tode versuchte die Stadt Königsberg abermals, das Bild für das Kantmuseum zu erlangen und schob den mächtigen und skrupellosen Gauleiter Erich Koch vor. Dieser bekam das Bild tatsächlich in seinen Besitz, gab es aber nicht dem Kantmuseum, sondern hing es angeblich in seinem Dienstzimmer im Oberpräsidium auf. Seit 1945 ist es verschollen.

Döbler hat aber, was Clasen nicht wußte, Kant zweimal gemalt, bzw. eine Kopie des Porträts hergestellt. Diese schenkte Kant seinem Schüler Kiesewetter. Es befindet sich heute als Eigentum der Stadt Duisburg im dortigen „Haus Königsberg".

KANTEHRUNGEN

Wenn man Kant erst ein halbes Jahrhundert nach seinem Tode ein Denkmal setzte, so nicht deshalb, weil man seine Bedeutung erst so spät erkannt hätte. Es war damals Sache des bildungsfreudigen Bürgertums, große Männer mit Denkmälern zu ehren, die Künstler auszuwählen und — nicht zuletzt — die nötigen Geldmittel aufzubringen. Dem Philosophen Leibniz errichtete man ein Denkmal in seiner Vaterstadt Hannover, Beethoven 1848 in Bonn, Lessing 1853 in Braunschweig, Copernicus in demselben Jahre in seiner Geburtsstadt Thorn. Angeregt von diesem Beispiel bürgerlicher Initiative machte es sich ein Kreis wohlhabender Königsberger zur Aufgabe, ihrem großen Mitbürger in seiner Vaterstadt ein Denkmal zu setzen. Man beauftragte damit den berühmten Bildhauer Christian Daniel Rauch, der an der Erstellung des Thorner Copernicusdenkmals mitgewirkt hatte.

Rauch hatte als einundzwanzigjähriger Hoflakai an der Huldigungsfeier für Friedrich Wilhelm III. im Juni 1798 in Königsberg teilgenommen, und da er gegenüber Kants Wohnung sein Quartier hatte, mag er den Philosophen damals gesehen haben. Vorbild für das Denkmal konnte aber nicht diese ferne Erinnerung sein, sondern war die Kantfigur am Sockel seines Denkmals Friedrichs des Großen, das 1851 in Berlin Unter den Linden aufgestellt wurde. Nach welchem Vorbild Rauch diese Figur modelliert hat, ist unbekannt. Im Herbst 1852, also ein Jahr

Kant-Denkmal von Rauch. Zum 60. Todestag vor seinem Wohnhaus aufgestellt; seit 1885 stand es auf dem Paradeplatz. Im Hintergrund die Altstädtische Kirche

nach der Enthüllung des Berliner Denkmals, erließ ein Komitee Königsberger Bürger, dem auch mehrere Universitätsprofessoren angehörten, einen Aufruf mit der Bitte um Spenden für ein Kantdenkmal. Friedrich Wilhelm IV. gab als Rektor der Albertina einige tausend Taler. Rauch übernahm den Auftrag, aber es dauerte mehrere Jahre, bis er das Standbild modelliert hatte — es sollte sein letztes Werk sein —, und noch länger, bis das Komitee genügend Geld gesammelt hatte. Unter der Aufsicht des Rauchschülers Rudolf Kiß wurde das Denkmal 1857, kurz vor Rauchs Tode, von Hermann Gladenbeck in Berlin gegossen. Es fehlte aber noch das Geld für den hohen Sockel aus poliertem Granit. Carl Rosenkranz, der damalige Inhaber von Kants Lehrstuhl, verfaßte eine Schrift „Königsberg und der moderne Städtebau", deren Erlös zur Bezahlung des Sockels bestimmt war.

Es dauerte noch sieben Jahre, bis das Denkmal aufgestellt werden konnte. Am 1. Oktober 1864, auf den Tag genau drei Jahre, nachdem sich Wilhelm I. in der Königsberger Schloßkirche zum König gekrönt hatte, wurde es enthüllt, und zwar auf einem sehr günstigen Platz nahe von Kants Wohnhaus. Von der Höhe des Schloßberges schaute der Philosoph nach Süden über die Innenstadt hinweg. Der Standort blieb auch günstig, als das Gewirr kleiner Gassen und Häuser vor ihm abgebrochen wurde und der Gesecusplatz entstand.

Erst als 1885 der Schloßgraben zugeschüttet und eine neue Straße an der Nordseite des Schlosses angelegt wurde, mußte das Denkmal weichen. Nach manchen Überlegungen erhielt es einen neuen Standort in den Grünanlagen des Paradeplatzes vor der neuen Universität. Kant hatte zwar den Platz nur selten besucht und die Universität erst fast vierzig Jahre nach seinem Tode den Neubau erhalten, aber dennoch ist die Wahl gut gewesen. Der größte Gelehrte der Albertina gehörte auch als Denkmal in ihre unmittelbare Nähe.

Das Kantdenkmal ist verschollen. Die Statue soll sich in Moskau befinden, der Sockel in Maraunenhof stehen und eine Thälmannbüste tragen. Das einzige Standbild Kants auf deutschem Boden ist die Figur am Friedrich-Denkmal Rauchs, das heute nicht mehr „Unter den Linden" steht, sondern in Potsdam wieder aufgestellt worden ist.

Öffentliche Mittel wurden damals für Kulturpflege nicht verwandt. Sie blieb weiterhin privaten Vereinigungen überlassen. Selbst die ersten Grünflächen innerhalb der Stadt hat nicht der Magistrat angelegt, sondern ein Verschönerungsverein. So ist es zu verstehen, daß der Magistrat erst zwanzig Jahre nach der Errichtung des Denkmals daran ging, seinerseits Kant zu ehren. Er tat das auf die Weise, die am wenigsten Geld kostete, indem er 1885 das Straßenstück von der Krämerbrücke bis zum Kaiser-Wilhelm-Platz (damals noch Altstädtischer Kirchenplatz) Kantstraße benannte und diesen Namen 1924 über den Schloßberg und die Prinzessinstraße, an der Kants Wohnhaus gestanden hatte, bis zur Junkerstraße verlängerte. Ein Kantgymnasium hat es in Königsberg nie gegeben, doch wurde eine Knabenvolksschule auf der Laak Kantschule genannt als nach dem Ersten Weltkriege alle Volksschulen, die bisher nur beziffert gewesen waren, Namen erhielten.

Gedenktafeln an Privathäusern anzubringen, war Sache von Privatleuten. An Kants Wohn- und Sterbehaus ließ der Zahnarzt Döbbelin, der das Haus 1835 gekauft hatte, eine Tafel aus dunkelgrauem Marmor anbringen mit der

Inschrift „Immanuel Kant wohnte und lehrte hier 1783 bis 1804". Nach dem Abbruch des Hauses kam die Tafel später in das Kantmuseum. Am Neubau wurde eine andere Tafel angebracht: „An dieser Stelle stand das Haus, in welchem Immanuel Kant 1783—1804 lebte und lehrte". Eine weitere Kanttafel stiftete 1924 die Königsberger Hartungsche Zeitung für ihr Redaktionsgebäude, Krumme Grube 2, das die Nachfolge des Kanterschen Hauses angetreten hatte, in dem Kant, wie gesagt, einige Jahre gewohnt hatte.

Der Magistrat entschloß sich erst 1904 anläßlich des 100. Todestages Kants zu einer Ehrung. Am 12. Februar enthüllte der Oberbürgermeister Körte an der Kyklopenmauer des Schlosses an der Ostseite des Gesecusplatzes eine eherne Tafel, auf der außer dem Namen und den Lebensdaten Kants die berühmten Worte von dem bestirnten Himmel über mir und dem moralischen Gesetz in mir in erhabener Schrift zu lesen waren. Da diese Tafel sich an einer der belebtesten Straßen der Stadt befand, haben Millionen Menschen sie gesehen und viele Tausende sie auch gelesen. Seit 1945 ist sie verschollen. Eine fast genaue Nachbildung wurde 1955 anläßlich der 700-Jahr-Feier Königsbergs im Hofe des Rathauses der Patenstadt Duisburg angebracht.

Im Jahre 1924 zu Kants zweihundertstem Geburtstag und zugleich zur 200-Jahr-Feier der Vereinigung der drei Städte Königsberg ließ die Stadt mehrere Plaketten herstellen. Die Bildhauerin Erna Becker-Kahns schuf eine Kantmedaille, die auf der Vorderseite den Kopf des Philosophen trug, und eine andere, die doppelseitig war, auf der Vorderseite dasselbe Kantbild, auf der Rückseite den Text des Kategorischen Imperativs unter einem Bilde der alten Universität. Auch die Rückseite der Bronzemedaille, die Hermann Brachert 1924 im Auftrage des Magistrats zur 200-Jahr-Feier der Vereinigung der drei Städte schuf, trug ein Bild Kants.

Eine weitere, kleinere Kantplakette gab die Stadtverwaltung kurz vor dem Ausbruch des Zweiten Weltkrieges bei der Berliner Porzellanmanufaktur in Auftrag, eine 8 cm hohe Biskuitplakette mit dem Reliefbild Kants nach einem Entwurf des Berliner Bildhauers Siegmund Schütz. Es ist nicht bekannt, ob und in welchem Ausmaß die Plakette als Ehrengabe verwandt worden ist. Die Manufaktur hat sie, nachdem die Gußform im Kriege verloren gegangen war, neu herstellen lassen. Sie ist käuflich zu erwerben.

Die kurzlebigste Kantehrung war ein Geldschein mit dem Nennwert von 100 Reichsmark, den der Magistrat im Inflationsjahr 1922 drucken ließ. Er trug auf der Vorderseite eine Abbildung der Hagemannschen Kantbüste. Wenig später erhielt dieser Schein durch einen Aufdruck den imaginären Wert von 100 000 Mark.

Erst nach der Überwindung der Inflation konnte die Stadt daran gehen, etwas für die Pflege der Kanttradition zu tun, und sie mußte jetzt einspringen, da die privaten Vermögen weithin von der Inflation aufgezehrt worden waren.

Im Jahre 1929 ließ die Stadt das Kanthäuschen in Moditten herrichten und als Gedächtnisstätte zugänglich machen.

Die schönste und reichhaltigste Kant-Gedächtnisstätte war das Kantmuseum, ein Teil des 1927 gegründeten Stadtgeschichtlichen Museums, das das ganze alte Rathaus in der Brotbänkenstraße einnahm. Die dingliche Hinterlassenschaft Kants war nach seinem Tode in alle Winde zerstreut worden, und was später mit viel Mühe an Büchern, Möbeln, Hausgerät und Kleidungsstücken (Hut, Schuhschnallen, Spazierstock) wieder zusammengebracht worden war, war in einem Kantzimmer der Stadtbibliothek ausgestellt worden. Es bildete den Grundstock des Kantmuseums im Kneiphöfschen Rathaus. Dem Museumsdirektor Eduard Anderson gelang es, weitere wertvolle Kantiana aufzuspüren und zu erwerben, so daß die Kantandenken schließlich vier Räume füllten, Büsten und Bilder, von denen oben gesprochen worden ist, Kants Totenmaske, abgenommen von dem Maler Andreas Knorre, ein Abguß von Kants Schädel, angefertigt nach der „Ausgrabung“ von 1880, Kants Stammbaum, Erstausgaben seiner Werke und vieles andere mehr. Ausgestellt waren auch Dokumente späterer Kantverehrung, Briefe indischer und japanischer Philosophen über

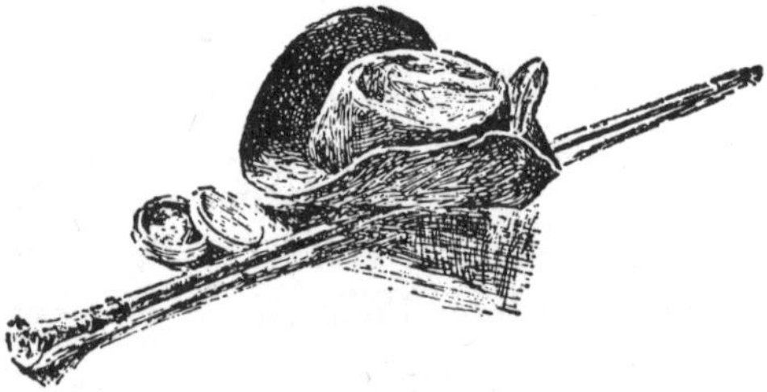

Kant und Erzeugnisse der Historienmalerei, ein Gemälde des Königsberger Malers Karl Bublitz, das Kant auf einer Bank des Philosophenweges sitzend darstellte, die Radierung Heinrich Wolffs, „Kant in der Studierstube“, und das Gemälde des Malers Emil Dörstling „Kants Tafelrunde“. Walter Simon, der große Wohltäter seiner Vaterstadt, hatte es 1893 in Auftrag gegeben und der Stadt geschenkt. Ein weiteres Historienbild befand sich als Wandgemälde in der Aula des Wilhelmsgymnasiums. Es wurde 1889 von Emil Neide gemalt und zeigte Kant im Gespräch mit Fichte. Auch dieses Bild ist wie sämtliche Exponate des Kantmuseums vernichtet, zusammen mit allen Kulturschätzen des Stadtgeschichtlichen Museums. Sie waren im Zweiten Weltkriege zwar provisorisch ausgelagert, aber nicht aus Ostpreußen herausgebracht worden.

Bestenfalls sind Abbildungen von ihnen erhalten.

Da Kant seine Vaterstadt nur wenig und Ostpreußen nie verlassen hat, sind Kantehrungen außerhalb Königsbergs selten. Das Dorf Judtschen, in dessen Pfarrhaus er eine Zeitlang Hauslehrer gewesen war, wurde 1938 in Kanthausen umbenannt. Kantstraßen gibt es in mehreren Städten, aber sie haben keinen besonderen Bezug auf Kants Persönlichkeit, sondern liegen in Vierteln, deren Straßen Namen von Gelehrten tragen, wie etwa die Beethovenstraße in Musikervierteln oder die Pregelstraßen in Flüssevierteln liegen. Eine Ausnahme macht Königsbergs Patenstadt Duisburg. Sie hat einen Park Immanuel-Kant-Park benannt und sammelt in dem im Vollzug der Patenschaft eingerichteten „Haus Königsberg“ Kantandenken, die den Zusammenbruch Deutschlands 1945 überstanden haben, Nachbildungen von Büsten und Bildern, Erstausgaben seiner Werke und ähnliches. Es ist nur ein Rest dessen, was einst vorhanden gewesen ist, aber das „Haus Königsberg“ ist die einzige Stätte in der Welt, in der das Andenken Kants in dieser Weise geehrt wird.

Nach Kant ist erfreulicherweise nichts Eßbares benannt worden. Es hat weder Kantkugeln gegeben wie bei

Mozart, nicht Kantkeks wie bei Leibniz, noch Kantheringe wie bei Bismarck. (Auch an Schillerlocken und Napoleonschnitten wäre hier zu denken.) Um 1922 gab es in der Kneiphöfschen Langgasse eine Konditorei „Zum Immanuel Kant“, doch wurde dort weder Kantschokolade noch Kantmarzipan angeboten.

AUSSPRÜCHE VON IMMANUEL KANT

Vom guten Willen

Es ist überall nichts in der Welt, ja überhaupt auch außer derselben zu denken möglich, was ohne Einschränkung für gut könnte gehalten werden als allein ein guter Wille. Verstand, Witz, Urteilskraft, und wie die Talente des Geistes sonst heißen mögen, oder Mut, Entschlossenheit, Beharrlichkeit im Vorsatze als Eigenschaften des Temperaments sind ohne Zweifel in mancher Absicht gut und wünschenswert; aber sie können auch äußerst böse und schädlich werden, wenn der Wille, der von diesen Naturgaben Gebrauch machen soll und dessen eigentümliche Beschaffenheit darum Charakter heißt, nicht gut ist.

Aus der „Grundlegung zur Metaphysik der Sitten." Riga 1785.

*

Werdet nicht der Menschen Knechte! — Laßt Euer Recht nicht ungeahndet von anderen mit Füßen treten! Wer sich unter seinesgleichen zum Wurm macht, da ihn doch Gott zum Menschen schuf, muß sich nicht wundern, wenn man ihn nachher als Wurm behandelt und unter die Füße tritt.

IMMANUEL KANT:

Was ist Aufklärung?

(Berlinische Monatsschrift 1784. 12. Stück. Dezember, S. 481 ff.)

Aufklärung ist der Ausgang des Menschen aus seiner selbstverschuldeten Unmündigkeit. Unmündigkeit ist das Unvermögen, sich seines Verstandes ohne Leitung eines anderen zu bedienen. Selbstverschuldet ist diese Unmündigkeit, wenn die Ursache derselben nicht am Mangel des Verstandes, sondern der Entschließung und des Mutes liegt, sich seiner ohne Leitung eines anderen zu bedienen. *Sapere aude!* Habe Mut, dich deines eigenen Verstandes zu bedienen! ist also der Wahlspruch der Aufklärung.

Faulheit und Feigheit sind die Ursachen, warum ein so großer Teil der Menschen, nachdem sie die Natur längst von fremder Leitung freigesprochen *(naturaliter majorennes)*, dennoch gern zeitlebens unmündig bleiben; und warum es anderen so leicht wird, sich zu deren Vormündern aufzuwerfen. Es ist so bequem, unmündig zu sein. Habe ich ein Buch, das für mich Verstand hat, einen Seelsorger, der für mich Gewissen hat, einen Arzt, der für mich die Diät beurteilt usw., so brauche ich mich ja nicht selbst zu bemühen. Ich habe nicht nötig zu denken, wenn ich nur bezahlen kann; andere werden das verdrießliche Geschäft schon für mich übernehmen. Daß der bei weitem größte Teil der Menschen (darunter das ganze schöne Geschlecht) den Schritt zur Mündigkeit, außerdem daß er beschwerlich ist, auch für sehr gefährlich halte, dafür sorgen schon jene Vormünder, die die Oberaufsicht über sie gütigst auf sich genommen haben. Nachdem sie ihr Hausvieh zuerst dumm gemacht haben und sorgfältig verhüteten, daß diese ruhigen Geschöpfe ja keinen Schritt außer dem Gängelwagen, darin sie sie einsperrten, wagen durften, so zeigen sie ihnen nachher die Gefahr, die ihnen droht, wenn sie es versuchen, allein zu gehen. Nun ist diese Gefahr zwar eben so groß nicht, denn sie würden durch einigemal Fallen wohl endlich gehen lernen; allein ein Beispiel von der Art macht doch schüchtern und schreckt gemeiniglich von allen ferneren Versuchen ab.

Es ist also für jeden einzelnen Menschen schwer, sich aus der ihm beinahe zur Natur gewordenen Unmündigkeit herauszuarbeiten. Er hat sie sogar liebgewonnen und ist vor der Hand wirklich unfähig, sich seines eigenen Verstandes zu bedienen, weil man ihn niemals den Versuch davon machen ließ. Satzungen und Formeln, diese mechanischen Werkzeuge eines vernünftigen Gebrauchs oder vielmehr Mißbrauchs seiner Naturgaben, sind die Fußschellen einer immerwährenden Unmündigkeit. Wer sie auch abwürfe, würde dennoch auch über den schmalsten Graben einen nur unsicheren Sprung tun, weil er zu dergleichen freier Bewegung nicht gewöhnt ist. Daher gibt es nur wenige, denen es gelungen ist, durch eigene Bearbeitung ihres Geistes sich aus der Unmündigkeit herauszuwickeln und dennoch einen sicheren Gang zu tun.

Daß aber ein Publikum sich selbst aufkläre, ist eher möglich; ja es ist, wenn man ihm nur Freiheit läßt, beinahe unausbleiblich. Denn da werden sich immer einige Selbstdenkende, sogar unter den eingesetzten Vormündern des großen Haufens, finden, welche, nachdem sie das Joch der Unmündigkeit selbst abgeworfen haben, den Geist einer vernünftigen Schätzung des eigenen Werts und des Berufs jedes Menschen, selbst zu denken, um sich verbreiten werden. Besonders ist hierbei hervorzuheben, daß das Publikum, welches zuvor von ihnen unter dieses Joch gebracht wurde, sie hernach selbst zwingt, darunter zu bleiben, wenn es von einigen seiner Vormünder, die selbst aller Aufklärung unfähig sind, dazu aufgewiegelt wird. So schädlich ist es, Vorurteile zu pflanzen, weil sie sich zuletzt an denen selbst rächen, die oder deren Vorgänger ihre Urheber gewesen sind. Daher kann ein Publikum nur langsam zur Aufklärung gelangen. Durch eine Revolution wird vielleicht wohl ein Abfall von persönlichem Despotismus und gewinnsüchtiger oder herrschsüchtiger Bedrückung, aber niemals wahre Reform der Denkungsart zustande kommen; sondern neue Vorurteile werden, ebensowohl als die alten, zum Leitbande des gedankenlosen großen Haufens dienen.

Zu dieser Aufklärung aber wird nichts erfordert als Freiheit; und zwar die unschädlichste unter allem, was nur Freiheit heißen mag, nämlich die, von seiner Vernunft in allen Stücken öffentlich Gebrauch zu machen...

Wenn denn nun gefragt wird: leben wir jetzt in einem aufgeklärten

Zeitalter? so ist die Antwort: Nein, aber wohl in einem Zeitalter der Aufklärung. Daß die Menschen, wie die Sachen jetzt stehen, im ganzen genommen, schon imstande wären oder darin auch nur gesetzt werden könnten, in Religionsdingen sich ihres eigenen Verstandes ohne Leitung eines anderen sicher und gut zu bedienen, daran fehlt noch sehr viel. Allein, daß jetzt ihnen doch das Feld geöffnet wird, sich dahin frei zu entwickeln, und die Hindernisse der allgemeinen Aufklärung oder des Ausganges aus ihrer selbstverschuldeten Unmündigkeit allmählich weniger werden, davon haben wir doch deutliche Anzeigen. In diesem Betracht ist dieses Zeitalter das Zeitalter der Aufklärung oder das Jahrhundert Friederichs...

LITERATUR

Anderson, Eduard, Das Kantmuseum. Verzeichnis der Kantandenken im Stadtgeschichtlichen Museum der Stadt Königsberg. 1936.

Borkowski, Heinrich, •Kants Grabstätte — die Professorengruft — die Stoa Kantiana. In: Mitt. d. Ver. f. d. Gesch. v. Ost- u. Westpr. 10. 1936.

Clasen, Karl Heinz, Kantbildnisse. Königsberg 1924.

Die Feier des 200. Geburtstages Immanuel Kants in seiner Vaterstadt. Die Königsberger Kant-Tage 19. bis 24. April 1924 nach den Berichten der Königsberger Hartungschen Zeitung. Königsberg 1924.

Forstreuter, Kurt, Kant und die Völker Osteuropas. In: Jhb. d. Albertusuniv. 8. 1958.

Gause, Fritz, Kant und die Vereinigten Staaten von Amerika. In: Ostpr.bl. 27. 5. 1961.

Gause, Fritz, Kant und die Frauen. In: Ostdt. Monatshefte 28. 1962.

Gause, Fritz, Kant als Schüler des Friedrichskollegiums. In: Landfermannbll. Febr. 1964.

Gause, Fritz, Alte Königsberger Bildmontagen. In: Nordostarchiv 2. 1969. H. 5.

Gause, Fritz, Kants Freunde in der Königsberger Kaufmannschaft. In: Jhb. der Albertusuniv. 9. 1969.

Gause, Fritz, Geschichte der Stadt Königsberg, Bd. II Köln 1968.

Von der Gesellschaft der Freunde Kants. In: Jhb. d. Albertusuniv. 3. 1953.

Humboldt, Wilhelm v., Briefwechsel mit Schiller 1830.

Immanuel Kant, sein Leben in Darstellungen von Zeitgenossen. Die Biographien von L. E. Borowski, R. B. Jachmann und A. Ch. Wasianski, hsg. von Felix Groß. Deutsche Bibliothek Berlin 1912.

Kants Briefwechsel. 2. Aufl. 4 Bde. Berlin u. Leipzig 1922 (Ausgabe der Preuß. Akademie d. Wissenschaften Bd. X—XIII, 2. Abteilung: Briefwechsel).

Kuhrke, Walter, Kant und seine Umgebung. Königsberg 1924.

Kuhrke, Walter, Kants Wohnhaus. Königsberg 1924.

Lomber, Wilhelm, Die Grabstätte Immanuel Kants. Königsberg 1924.

Mortensen, Hans und Gertrud, Kants väterliche Ahnen und ihre Umwelt. In: Jhb. d. Albertusuniv. 3. 1953.

Mühlpfordt, Herbert Meinhardt, Cineres immortales Kantii. In: Ostpr.bl. 11. 2. 1967.

Mühlpfordt, Herbert Meinhardt, Das Kantdenkmal zu Königsberg (Pr). In: Jhb. d. Albertusuniv. 20. 1970.

Rosenkranz, Carl, Geschichte der Kantischen Philosophie. Leipzig 1840.

Rosenkranz, Carl, Kants Haus. In: Königsberger Skizzen. Danzig 1842, in Auswahl neu hsg. von Erich Holtz. Königsberg 1941.

Schumacher, Bruno, Der 12. Februar 1945. In: Jhb. d. Albertusunivers. 5. 1954.

Springer, Carl Gustav, Kant und Alt Königsberg. Königsberg 1924.

Stavenhagen, Kurt, Kant und Königsberg. Göttingen 1949.

Unger, Rudolf, Zur Geschichte der Gesellschaft der Freunde Kants. In: Festgabe Philipp Strauch z. 80. Geburtstag. Halle 1932.

Vorländer, Karl, Immanuel Kants Leben. Leipzig 1921.

Vorländer, Karl, Immanuel Kant. Der Mann und das Werk. 3 Bde. Leipzig 1924.

Zehbe, Jürgen (Hsg.), Immanuel Kant. Briefe. Göttingen 1970.

ANLÄSSLICH DES KANTJUBILÄUMS 1924
GEZEICHNET VON PROF. HEINRICH WOLFF

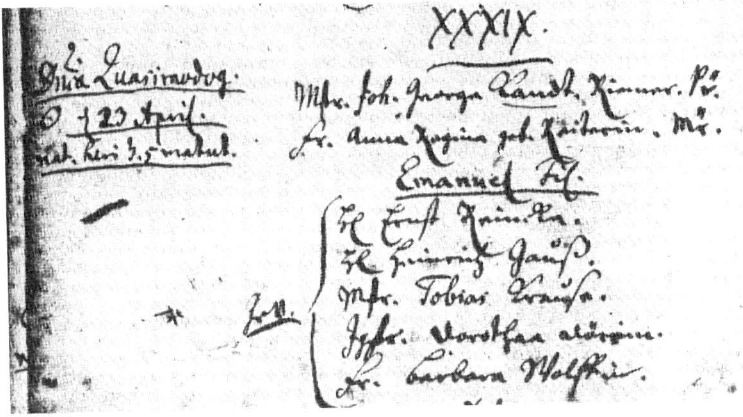

XXXIX.
Dnca Quasimodog. 2.
d. 23 April.
Mstr. Joh. George Kandt, Riemer. Pr.
Fr. Anna Regina geb. Reuterin. Mr.
Emanuel Fil.
Hl. Ernst Reineke.
Hl. Heinrich Gauß.
Mstr. Tobias Krause.
Jgfr. Dorothea
Fr. Barbara Wolffin.

Taufeintragung im Kirchenbuch der Domgemeinde

Der ehemalige Peterplatz mit dem Königsberger Dom

Collegium Fridericianum, Kants Schule, später als Friedrichskolleg bekannt

Teilansicht der alten Universität, rechts der Dom

Der Dom- und der Altstädtische Kirchenplatz (unten) zur Zeit Kants; zwischen den hohen Schloßtürmen Kants Arbeitsräume

Blick auf Schloßteichbrücke und die Katholische, Burg- und Löbenichtsche Kirche

Eigenhändiges Bewerbungsschreiben Kants um Bestallung

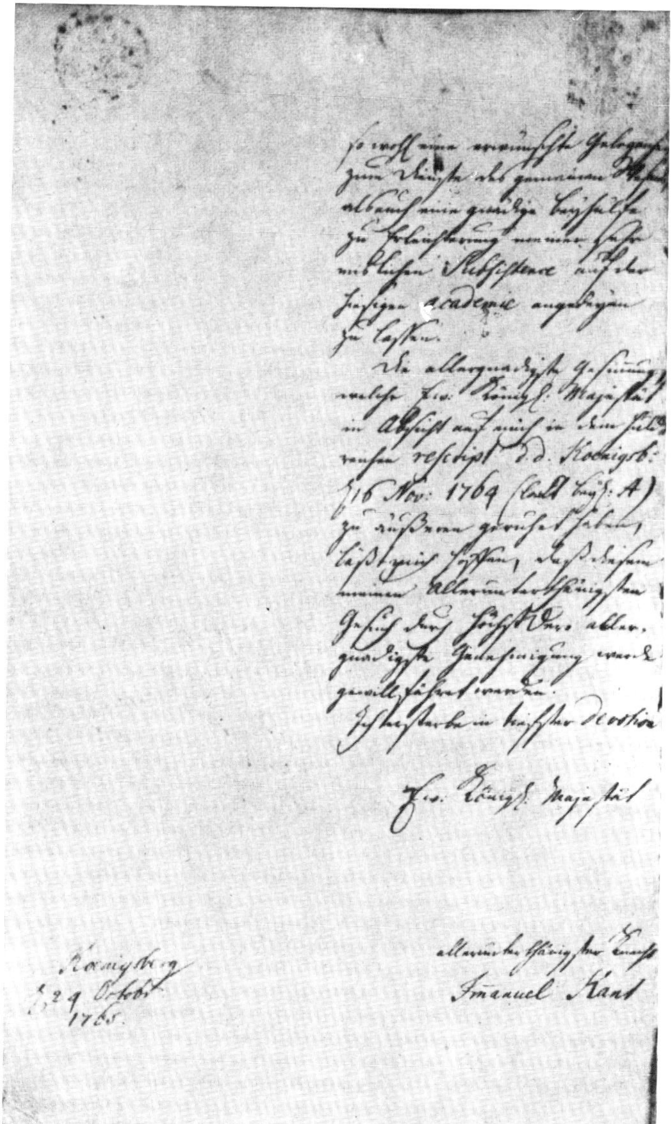
so wohl eine erwünschte Gelegenheit
zum Dienste als gemeinen Wesens,
als auch eine gnädige Beyhülfe
zu Erleichterung meiner sehr
mißlichen Subsistence auf der
hiesigen academie angedeyhen
zu lassen.
Die allergnädigste Gesinnung
welche Ew. Königl. Majestät
in Absicht auf mich in dem hohen
rescript d.d. Koenigsb.
d. 16 Nov. 1764 (laut beyl. A)
zu äußern geruhet haben,
läßt mich hoffen, daß dieses
meiner Allerunterthänigsten
Gesuch durch Höchst Dero aller-
gnädigste Gnadenneigung werde
gewillfahret werden.
Ich ersterbe in tiefster devotion

Ew. Königl. Majestät

allerunterthänigster Knecht
Immanuel Kant

Koenigsberg
d. 29 Octobr
1765.

als Subbibliothekar der Schloßbücherei 1765

Immanuel Kant beim Spaziergang (links) und in seinem Arbeitszimmer mit dem Ausblick auf das Schloß und die Löbenichtsche Kirche.

Beide Radierungen schuf Prof. Heinrich Wolff anläßlich des Kant-Jubiläums 1924 in Königsberg

Oben das Königsberger Schloß, links vorn das Wohnhaus Kants. Unten der Pregel mit Börse und grünem Tor

Schloßteich mit Burgkirche von der Französischen Straße her gesehen

Immanuel Kant. 1789 nach dem Leben gezeichnet von Veit Hans Schnorr von Carolsfeld

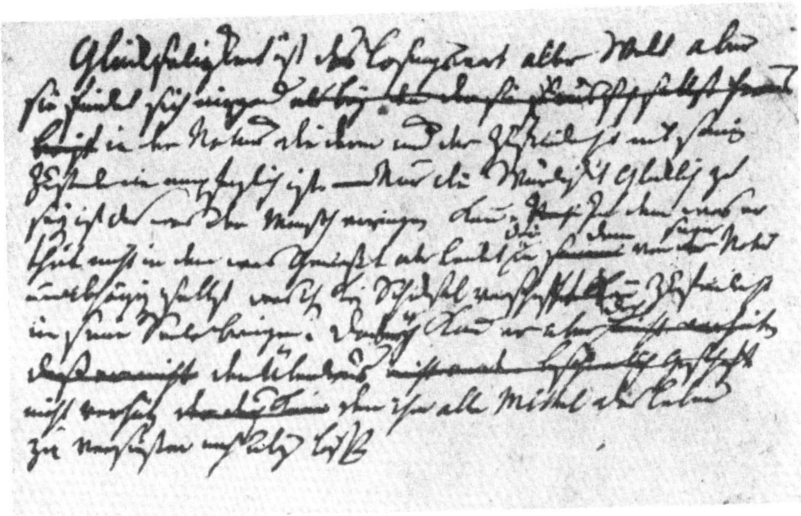

Handschriftliches Fragment über Glückseligkeit

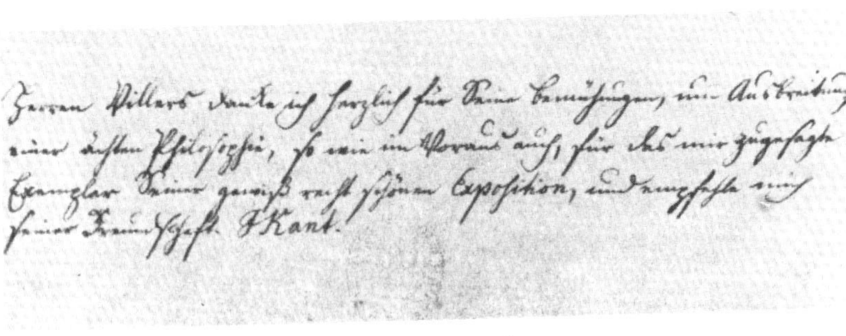

Herrn Villers danke ich herzlich für seine Bemühungen, um Ausbreitung meiner kritischen Philosophie, so wie im Voraus auch, für das mir zugesagte Exemplar seiner gewiß recht schönen Exposition, und empfehle mich seiner Freundschaft. I Kant.

Dankbrief an Charles Francois de Villers

Immanuel Kant nach einem Gemälde von Döbler 1791.

Büste von Hagemann
Brustmedaillon von P. H. Collin

Große Kant-Plakette und Plakette von Theodor Gottlieb von Hippel

Mit Königlicher Freiheit.

Königlich Preußische
Staats- Krieges- und Friedens-Zeitungen
Im Verlag der Hartungschen Hof-Buchdruckerei.

13tes Stück. Montag, den 13. Februar 1804.

Königsberg, vom 12. Februar.

Heute Mittags um 11 Uhr starb hier an völliger Entkräftung im 80sten Jahr, seines Alters Immanuel Kant. Seine Verdienste um die Revision der speculativen Philosophie kennt und ehrt die Welt. Was ihn sonst auszeichnete, Treue, Wohlwollen, Rechtschaffenheit, Umgänglichkeit — dieser Verlust kann nur an unserm Orte ganz empfunden werden, wo also auch das Andenken des Verstorbnen am ehrenvollsten und dauerhaftesten sich erhalten wird.

Berlin, vom 4 Februar.

Se. Majestät der König haben allergnädigst geruhet: den Assistenten beim 1sten Departement Höchst Dero Ober-Kriegs-Kollegii, Major, Herrn v. Zastrow, zum Obersten von der Kavallerie;

Bei dem Infanterieregiment Jung Larisch, den Sekondelieutenant Herrn v. Krenski, zum Premierlieutenant;

Bei dem 3ten Mousquetierbataillon dieses Regiments, den Sekondelieutenant Herrn Hesse, zum Premierlieutenant;

Bei dem Husarenregiment Blücher, den Premierlieutenant Herrn v. Raven, zum Staabsrittmeister; den Sekondelieutenant Herrn v. Manteuffel 1sten, zum Premier-Lieutenant; den Kornet Herrn v. Wödcke, zum Sekondelieutenant; den Junker Herrn v. Osten, zum Kornet zu ernennen.

Schrei-

Nachricht vom Hinscheiden in der „Hartungschen"
Trauerbillet an seine vielen Freunde und Bekannten

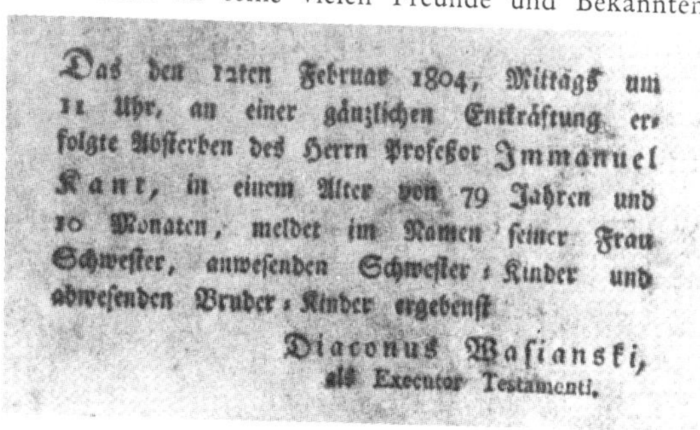

Das den 12ten Februar 1804, Mittags um 11 Uhr, an einer gänzlichen Entkräftung erfolgte Absterben des Herrn Professor Immanuel Kant, in einem Alter von 79 Jahren und 10 Monaten, meldet im Namen seiner Frau Schwester, anwesenden Schwester-Kinder und abwesenden Bruder-Kinder ergebenst

Diaconus Wasianski,
als Executor Testamenti.

Alte Grabstätte Kants an der östlichen Domseite mit einer Nachbildung der Hagemannschen Kantbüste und einer Kopie der „Raphaelschen Schule von Athen"

Kants ehemaliges 1893 abgebrochenes Wohnhaus, Prinzessinstraße 2

Kants Tafelrunde, für das Museum gemalt von Emil Dörstling

KANT

Robert Albinus
Lexikon der Stadt Königsberg und Umgebung
Zweite erweiterte Auflage
284 Seiten, gebunden, farbiger, cellophanierter Schutzumschlag
ISBN 3-7921-0320-6

Irmgard von zur Mühlen
Als Gast in Königsberg
Bilder und Begegnungen aus dem heutigen Kaliningrad
112 Seiten, 85 Farbaufnahmen, Format 21 x 28 cm, gebunden in Efalin, Fadenheftung, farbiger, cellophanierter Schutzumschlag.
ISBN 3-7921-0371-0

Reisebuch von Anno dazumal
Königsberg Pr. und Umgebung
Reprint von 1910
184 Seiten, bibliophile Ausstattung, gebunden, Format 11,5 x 17,5 cm
ISBN 3-7921-0384-2

Fritz R. Barran
Städteatlas Ostpreußen
Karten und Pläne aller ostpreußischer Kreise und Städte
224 Seiten, Format 21 x 29,8 cm, 140 Karten, gebunden mit strapazierfähigem Bezug.
ISBN 3-7921-0374-5

Emil Johannes Guttzeit
Ostpreußen in 1440 Bil
740 Seiten, gebunden in
Schuber. Alle Aufnahm
(auch farbige). Ausführl
mit Kreisbeschreibunge
ISBN 3-7921-0139-4
Vierte überarbeitete Au

Wilhelm Matull
Liebes altes Königs
Menschen, Gebäud
und Geschichten
220 Seiten, gebund
schlag, zahlreiche A
ISBN 3-7921-0347-